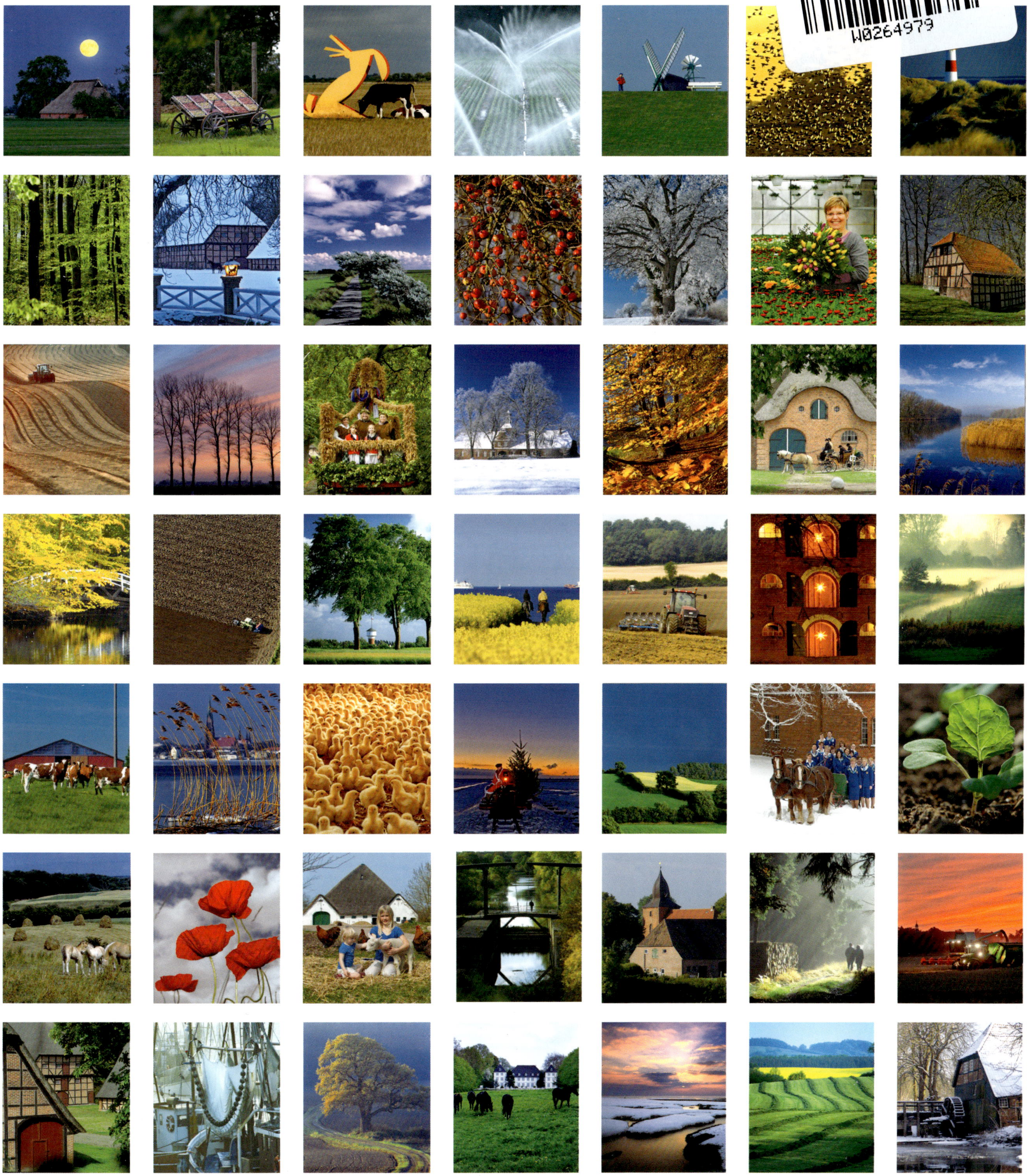

37 JAHRE TITELFOTOGRAFIE

H. DIETRICH HABBE

Edition Bauernblatt

LAYOUT, GESTALTUNG
UND BILDBEARBEITUNG

einmannfabrik
Jannis Merten Habbe

Heimstättenstraße 6
22523 Hamburg
0160 40 86 260

jannishabbe@gmx.de

IDEE, KONZEPT UND FOTOGRAFIE

Habbe Fotografie
H. Dietrich Habbe

Hofweg 1 Gut Kluvensiek
24796 Bovenau
04334 181 707

studio@habbe-foto.de
www.habbe-foto.de

Fotoassistentin
Ulrike Baer

Fotos auf den Seiten 29 unten rechts, 34 links, 36, 46 oben links, 87 rechts und 92 links

REDAKTION

DR BISCHOFF PR
Dr. Bärbel Bischoff

Stuthagen 28
24113 Molfsee

04347 70 87 17

info@dr-bischoff-pr.de
www.dr-bischoff-pr.de

VERLAG

Bauernblatt GmbH

Grüner Kamp 19-21
24768 Rendsburg

04331 12 77 0

verlag@bauernblatt.com
www.bauernblatt.com

DRUCK

DruckZentrum Neumünster GmbH

Rungestraße 4
24537 Neumünster

04321 906250

info@druckzentrum-neumuenster.de
www.druckzentrum-neumuenster.de

ISBN 978-3-00-043047-3

Bibliografische Informationen der Deutschen Nationalbibliothek

Die Deutsche Nationalbibliothek verzeichnet diese Publikation in der Deutschen Nationalbibliografie; detaillierte bibliografische Daten sind im Internet unter http://dnb.d-nb.de abrufbar.

INHALTSVERZEICHNIS

VORWORT

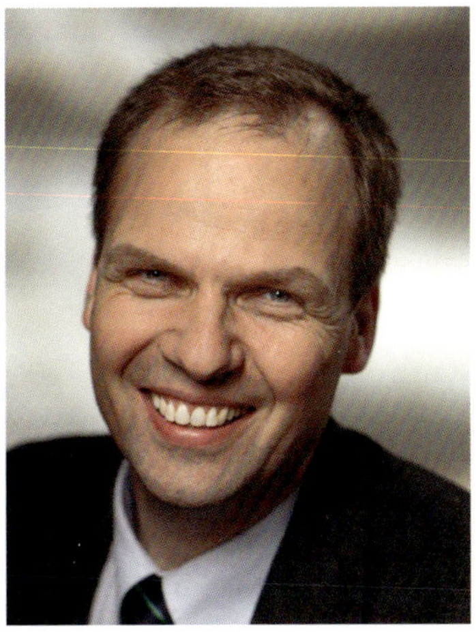

WERNER SCHWARZ

Präsident des Bauernverbandes Schleswig-Holstein

Wir Landwirte denken in Generationen – nachhaltig also. 30 bis 40 Versuche haben wir in unserem Arbeitsleben, um den Acker ordentlich zu bestellen und eine gute Ernte einzufahren. Wir richten unsere Arbeit nach der Jahreszeit, dem Wetter und den täglichen Pflichten und Verantwortungen für Natur und Kreatur. Und wir fühlen uns unseren Ahnen verpflichtet, das Ererbte zu schützen, zu erhalten und gemehrt an die nächste Generation weiterzureichen.

Diese Form der Nachhaltigkeit haben wir mit dem Fotografen H. Dietrich Habbe gemein, wenn auch in einem anderen Zusammenhang. Er bewahrt etwas für die Nachwelt, ist abhängig von Wetter und Jahreszeit, von Einsatz und Fleiß, von Risiko und Gefahr. Während wir unsere Arbeit verrichten, besucht, begleitet und beobachtet er uns – mittelbar mit seiner Kamera. Das, was wir sehen – und dabei oft übersehen –, erschafft er neu, und dies auf eine für mich begeisternde, faszinierende Art. Er schärft den Blick für das Besondere in dem Alltäglichen und interpretiert unser Landleben so, dass wir stolz darauf sein können.

Seit fast 37 Jahren hat H. Dietrich Habbe unser Bauernblatt mit Titelbildern versehen, rund 1.800 sind es bisher. Woche für Woche, Jahr für Jahr hat er Land und Leute auf seine unverkennbare Art festgehalten. Seine beeindruckenden Titel-Kunstwerke haben ein solch positives Image geprägt, um das uns andere Agrarmedien beneiden. Seine Bilder sind authentisch, ehrlich und überzeugend und in dieser für uns Landwirte schwierigen Zeit eine unverzichtbar wertvolle Unterstützung unserer Öffentlichkeitsarbeit.

Dafür schätzen wir ihn, den begnadeten, vielfach ausgezeichneten Fotografen mit Herz und Verstand für die Landwirtschaft. Dieser Bildband ist ein Kaleidoskop aus fast vier Jahrzehnten Bauernblatt-Bildern. Er ist ebenso ein Stück fotografischer Zeitgeschichte wie ein wahrer Augenschmaus. Lassen Sie sich verführen vom ländlichen Zauber Schleswig-Holsteins!

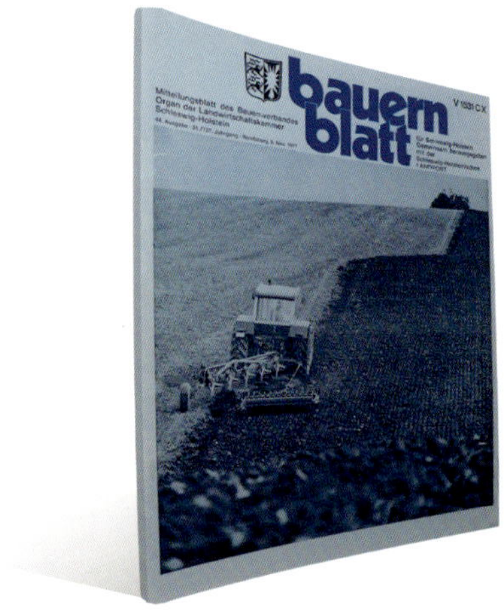

AUF DER SUCHE NACH DEM PERFEKTEN BILD

PORTRÄT DES FOTOGRAFEN H.DIETRICH HABBE

VON BARBARA KOTTE

Sein Stil, Landschaften und Menschen für das Foto zu komponieren, ist ebenso ungewöhnlich wie prägnant. *‚Eine permanente Kunstausstellung‘* hat ein Betrachter seine Titelbilder im Bauernblatt einmal bewundernd genannt. Der Fotograf fügt ihr Woche für Woche ein neues Kunstwerk hinzu. Nicht müde, mit der Kamera *„in einem virtuosen Spiel Landschaft, Tiere und Menschen immer wieder neu zu entdecken, neu zu gestalten. Wirkungsvolle Ästhetik zu schaffen in meiner eigenen Bildsprache. Ich weiß es noch heute, wie das Landleben funktioniert, wann es leuchtet, wann es blüht. Wann die Zeit ist zu düngen, zu bestellen und zu ernten. Wo im Lande ich die geeigneten Voraussetzungen für den aktuellen Titel finde und wie Mensch und Tier anzusprechen sind, damit sie den Schritt für das gewünschte Foto auch tun.“*

Wie das Landleben funktioniert, hat der Künstler schon früh auf dem elterlichen Hof gelernt. Hat schon als Kind am eigenen Leibe erfahren, dass es weniger Idylle als vielmehr harte Arbeit bedeutet. Sein beruflicher Werdegang als Landwirt scheint vorgezeichnet. Doch schon auf dem Lehrbetrieb in der Fremde kommen ihm mehr und mehr Zweifel an seiner landwirtschaftlichen Zukunft auf dem elterlichen Betrieb. Nur ein Jahr nach Abschluss der Lehrzeit packt er dort seine Sachen. Als Wehrpflichtiger und während der anschließenden Laufbahn als Zeitoffizier nutzt er die Chance, sich neu zu orientieren und die von seiner Mutter ererbte musische Begabung bewusst zu leben. Er entdeckt in seiner Freizeit für sich den kreativen Weg in die Fotografie.

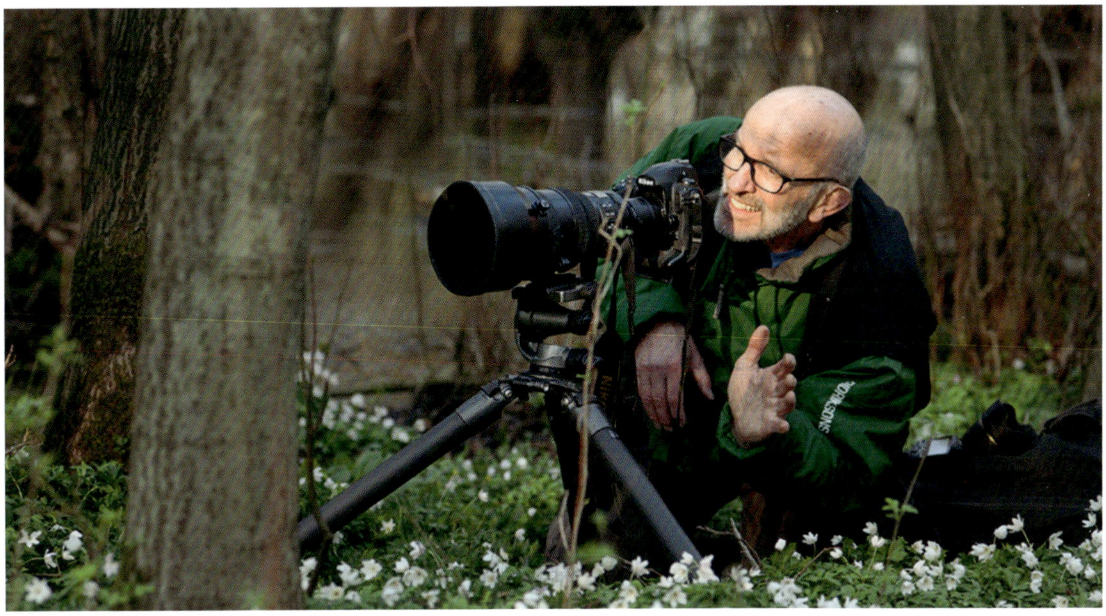

Es wird der klassische Start in Schwarz-Weiß! H. Dietrich Habbe nutzt ein eigenes Labor und entwickelt und bearbeitet seine Filme selbst. In seiner Zeit als Presseoffizier entsteht das erste Buch *Bilder einer Division.* Weitere Veröffentlichungen ermutigen ihn, nach seiner Dienstzeit die selbstständige Tätigkeit als Fotograf zu wagen. Bereits während der anschließenden mehrjährigen Ausbildung an der Hamburger Fotoschule verwirklicht er sein erstes Ausstellungsprojekt *Einem Agrarland auf der Spur.* Fotos von ihm werden publiziert; u. a. im *Hamburger Abendblatt,* von den Agenturen *dpa* und *ap,* von *Zeit, Stern,* den *NDR-Fernsehnachrichten* – und nicht zuletzt als Titel des *Bauernblattes.* Die Premiere am 5. November 1977 in Ausgabe 44: Ein Schwarz-Weiß-Foto eines Schlüter-Schleppers, gefahren von Johannes Stocks auf Hohenhütten in Ostholstein. Eine fruchtbare Zusammenarbeit beginnt – und besteht bis zum heutigen Tag.

„Herz und Seele sind mit dem Land verbunden geblieben."

Seit Abschluss seiner fotografischen Ausbildung arbeitet H. Dietrich Habbe als freischaffender Bildjournalist. Heute lebt er zwar nicht mehr in der Landwirtschaft, aber – so sagt er – *„Herz und Seele sind mit dem Land verbunden geblieben".* Er fühlt für den ländlichen Raum, seiner Heimat. Und obwohl ihn viele Fotoreisen in ferne Länder führen, bleibt sein Lebensschwerpunkt stets dort, *„wo ich meine Jugend verbracht habe und bis heute zu Hause bin: mitten in Schleswig-Holstein am Alten Eiderkanal: nah dran und drin in der Seele des Landes".* Man erkennt seine Bilder auf den ersten Blick. Charakteristisch für sie ist ihre spannungsreiche bildnerische Ordnung – durch strenge Reduktion. Bestelltes Feld, das seine grafische Schönheit zeigt. Ein Kanal, der sich unter dem Morgennebel nur erahnen lässt. Die Faszination von riesigen Erntemaschinen, unter dem Nachthimmel in Aktion. Plötzlich nimmt der Betrachter vertraute Umgebung, vertraute Situationen wahr, wie er sie noch nie gesehen hat.

„Ein wunderbares Glücksgefühl."

In den vielen Jahren der Fotografie für das Bauernblatt veränderte sich nicht nur das Bild der Landwirtschaft, auch die Fototechnik erlebte eine Revolution. Gleichzeitig gewann H. Dietrich Habbe an Berufserfahrung und damit an künstlerischer Aussagekraft. Unverändert blieb bis heute seine Begeisterung, nie ermüdend seine Motivation. Und so ist der Fotograf weiter und weiter unterwegs; vom Ehrgeiz getrieben, gute Fotos durch noch bessere zu ersetzen, immer wieder neue Lichtmomente für sich zu erschließen und neue Techniken zu erproben. Wenn Wetter, wenn Licht sich öffnet und strukturiert, wenn der Blick gegen den Himmel Unruhe auslöst, steht alles andere zurück. Dann ist der Platz des Fotografen draußen in der Landschaft – er muss hinaus. Immer auf der Suche nach dem perfekten Bild, das seine Vorstellung ihm vorgibt.

Oft bestimmt das Wetter die Richtung. Oft sind es auch exponierte Lagen der Landschaft oder Augenblicke, plötzliche fotografische Augenblicke, die sein Auge sucht und findet, und wo es dann um Schnelligkeit der Reaktion geht. Er findet sie im Licht des Tages, der Nacht, des Mondes und auch in den Strahlen von Kunstlicht, die alltägliche Objekte seltsam verfremden und verzaubern (siehe Schleuse Kluvensiek). *„Übersichtspunkte sind wichtige Ausgangspunkte für das Landschaftsbild"* – und für ihn Voraussetzung, mit der Kamera Motive in der Tiefe zu ordnen und eine spannungsreiche Perspektive zu schaffen. Manchmal genügt es, wenn ein Stuhl zur Hand ist, mal eine Leiter, mal das Dach seines Autos, ein Baum oder auch die Schaufel eines Radladers. Dann wieder gestaltet er seine fotografische Komposition vom Dach eines hohen Silos, von einem Aussichtsturm oder draußen auf den Kufen eines Helikopters (angeleint an festem Gurt). Anderswo überrascht ein faszinierender Blick auch aus der Maulwurfsperspektive, wie an einem strengen Wintertag am Winderatter See in Angeln, als sich der Fotograf im Tiefschnee Aug` in Auge einer Respekt einflößenden Bisonherde gegenübersieht. Während er sein minutiös geplantes Foto umsetzt, arbeitet er unter so intensiver Anspannung, dass er das Gelingen buchstäblich körperlich spürt – für ihn *„ein wunderbares Glücksgefühl."*

Welch eine Freude, das Bild wenige Tage später als Titel des Bauernblattes überall im Lande zu wissen: In den Händen von Menschen, denen er bei seiner Arbeit auf den Feldern, den Höfen begegnet ist, die ihm offen und unterstützend entgegentreten und ihn stets willkommen heißen; die sich Woche für Woche an seinen Bildern erfreuen und ihn an ihrer Freude teilhaben lassen. Diese Erlebnisse machen das künstlerische Leben des Fotografen H. Dietrich Habbe erst perfekt.

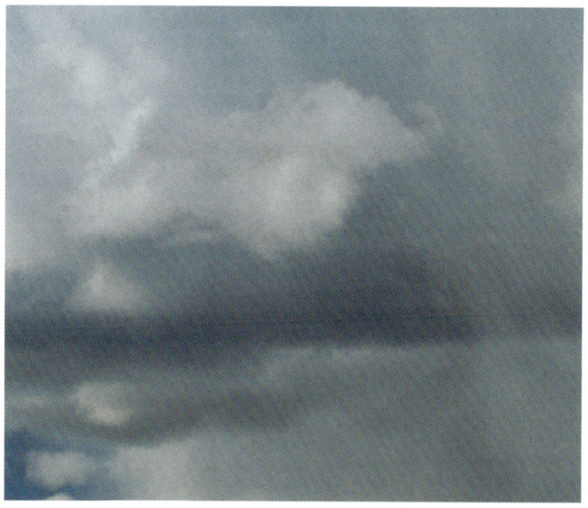
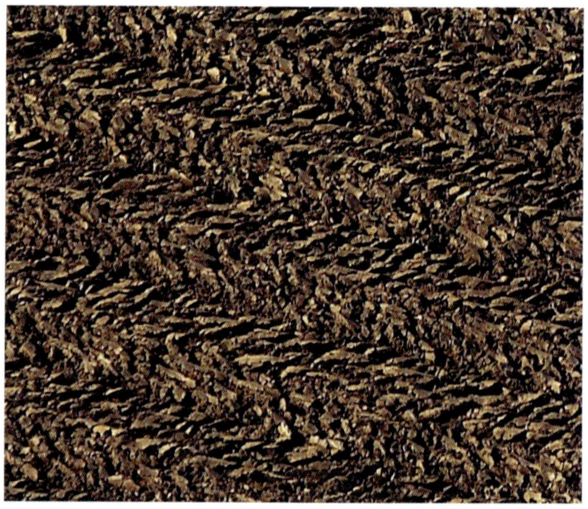
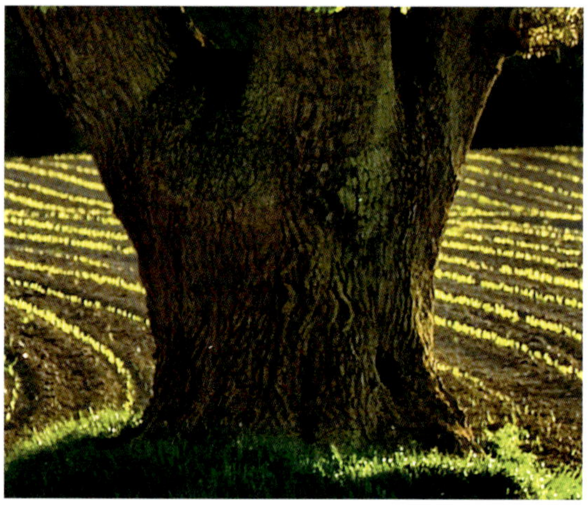
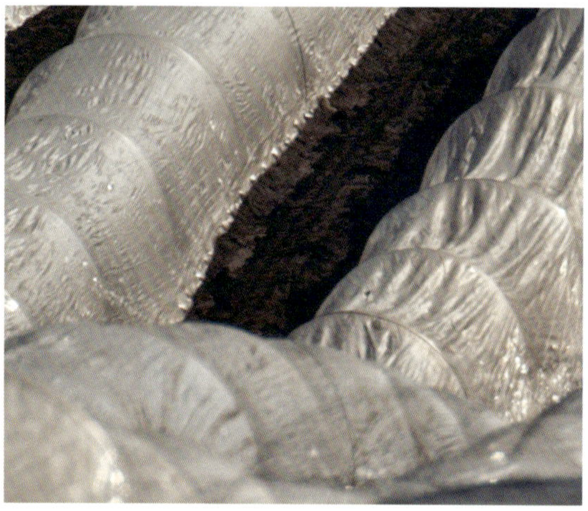
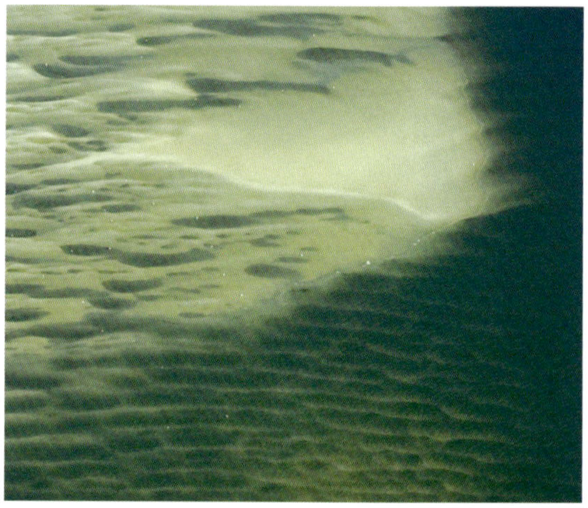
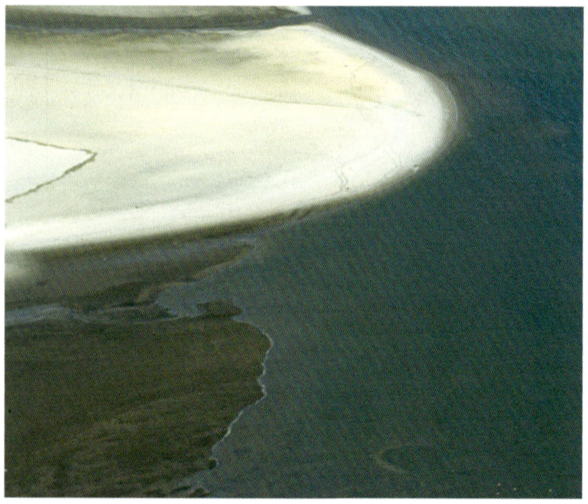
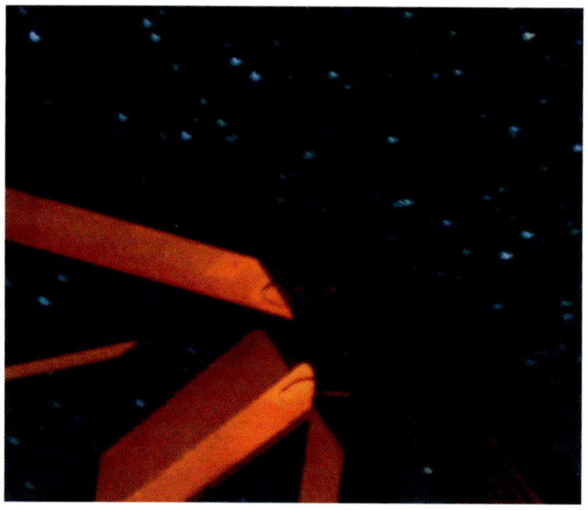

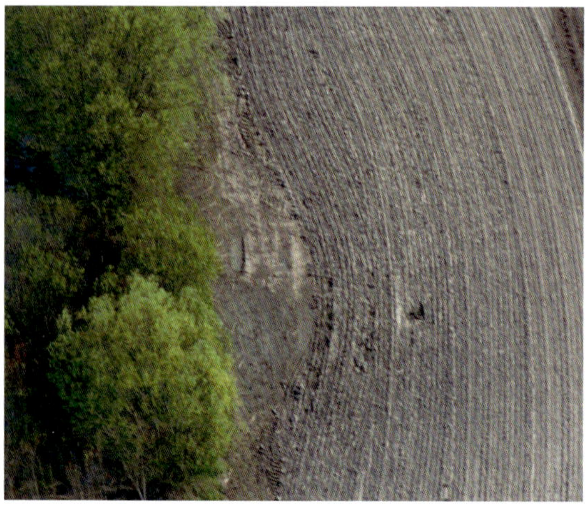
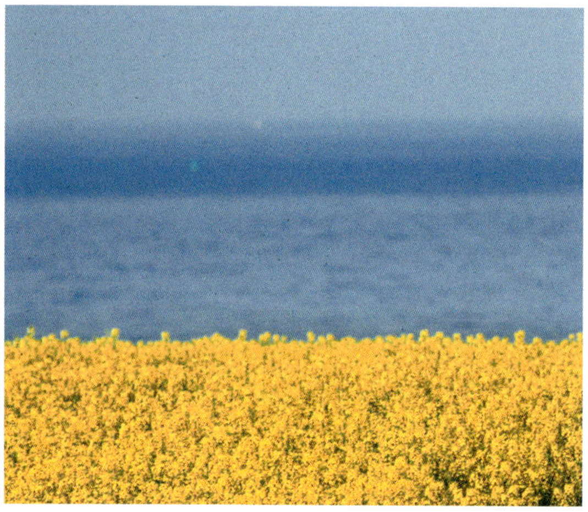

I

STREIFEN, STRAHLEN UND STRUKTUREN

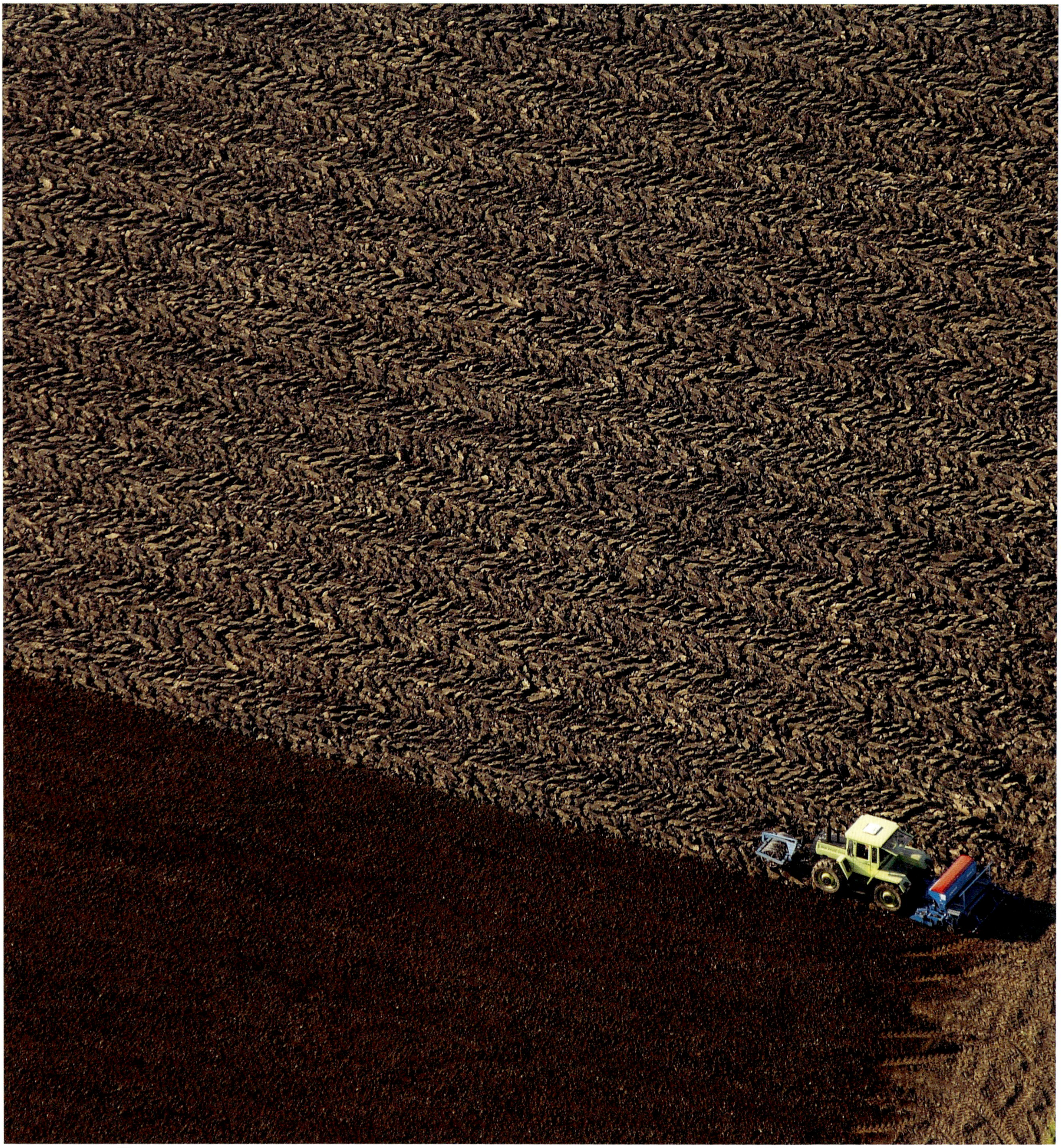

FEINARBEIT AUF SCHWERSTEM BODEN
Oktober 2007

Wir flogen an diesem Tag mit einem Kleinflugzeug und befanden uns bereits im Landeanflug, als ich mich in der Höhe von etwa 150 Fuß aus dem Flugzeug lehnte und fast senkrecht zum Boden die Herbstbestellung auf Eiderstedt fotografierte.

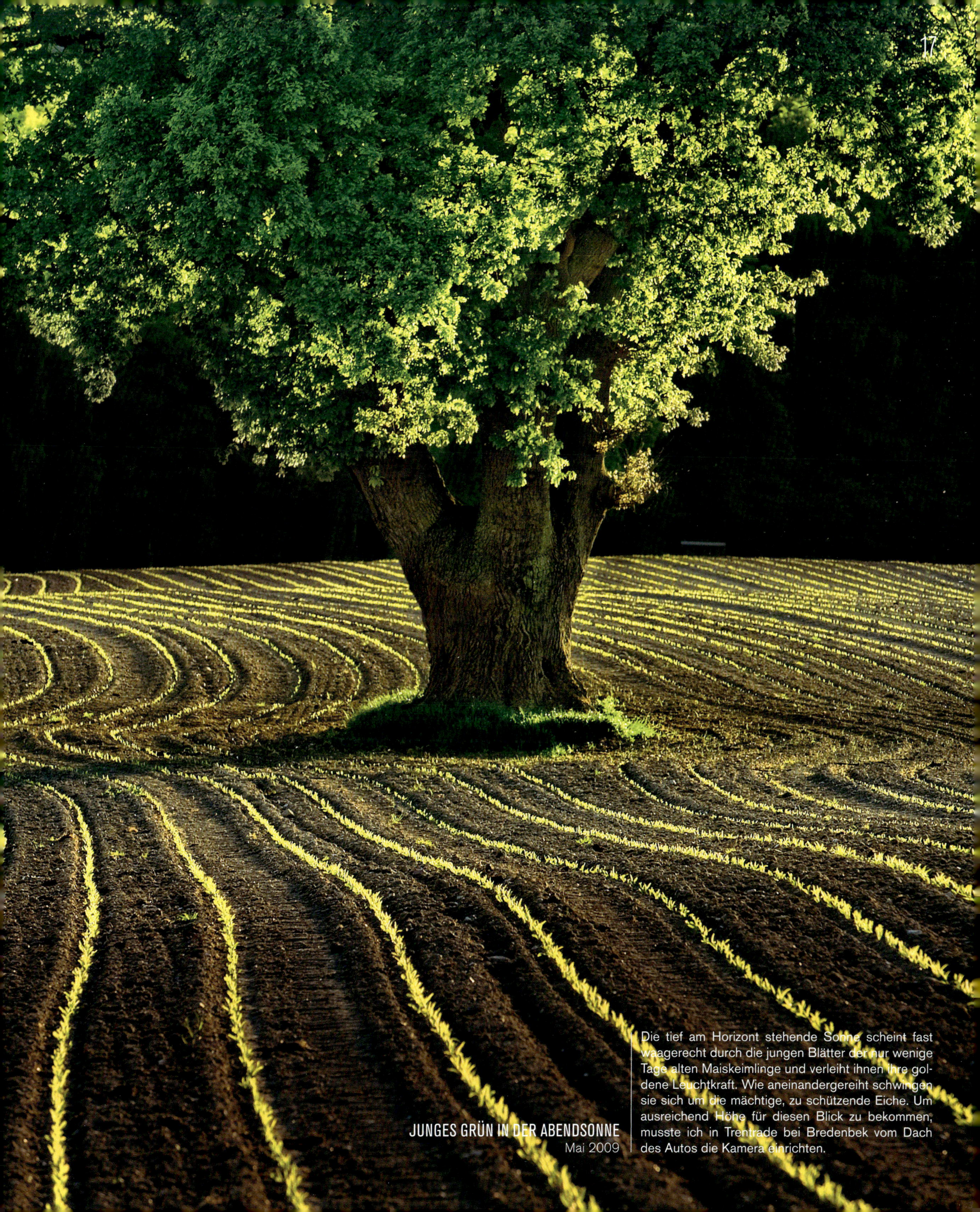

JUNGES GRÜN IN DER ABENDSONNE
Mai 2009

Die tief am Horizont stehende Sonne scheint fast waagerecht durch die jungen Blätter der nur wenige Tage alten Maiskeimlinge und verleiht ihnen ihre goldene Leuchtkraft. Wie aneinandergereiht schwingen sie sich um die mächtige, zu schützende Eiche. Um ausreichend Höhe für diesen Blick zu bekommen, musste ich in Trentrade bei Bredenbek vom Dach des Autos die Kamera einrichten.

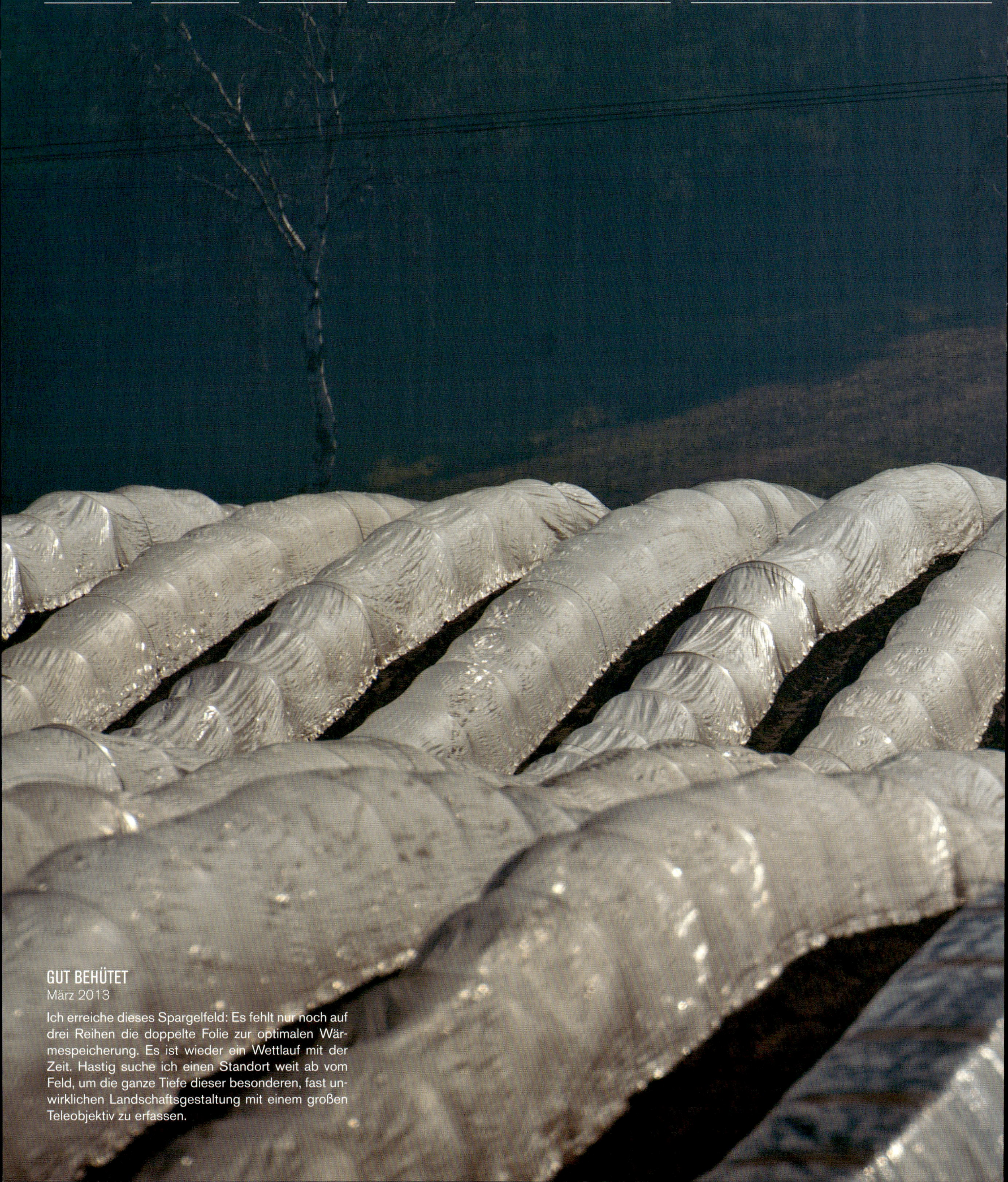

GUT BEHÜTET
März 2013

Ich erreiche dieses Spargelfeld: Es fehlt nur noch auf drei Reihen die doppelte Folie zur optimalen Wärmespeicherung. Es ist wieder ein Wettlauf mit der Zeit. Hastig suche ich einen Standort weit ab vom Feld, um die ganze Tiefe dieser besonderen, fast unwirklichen Landschaftsgestaltung mit einem großen Teleobjektiv zu erfassen.

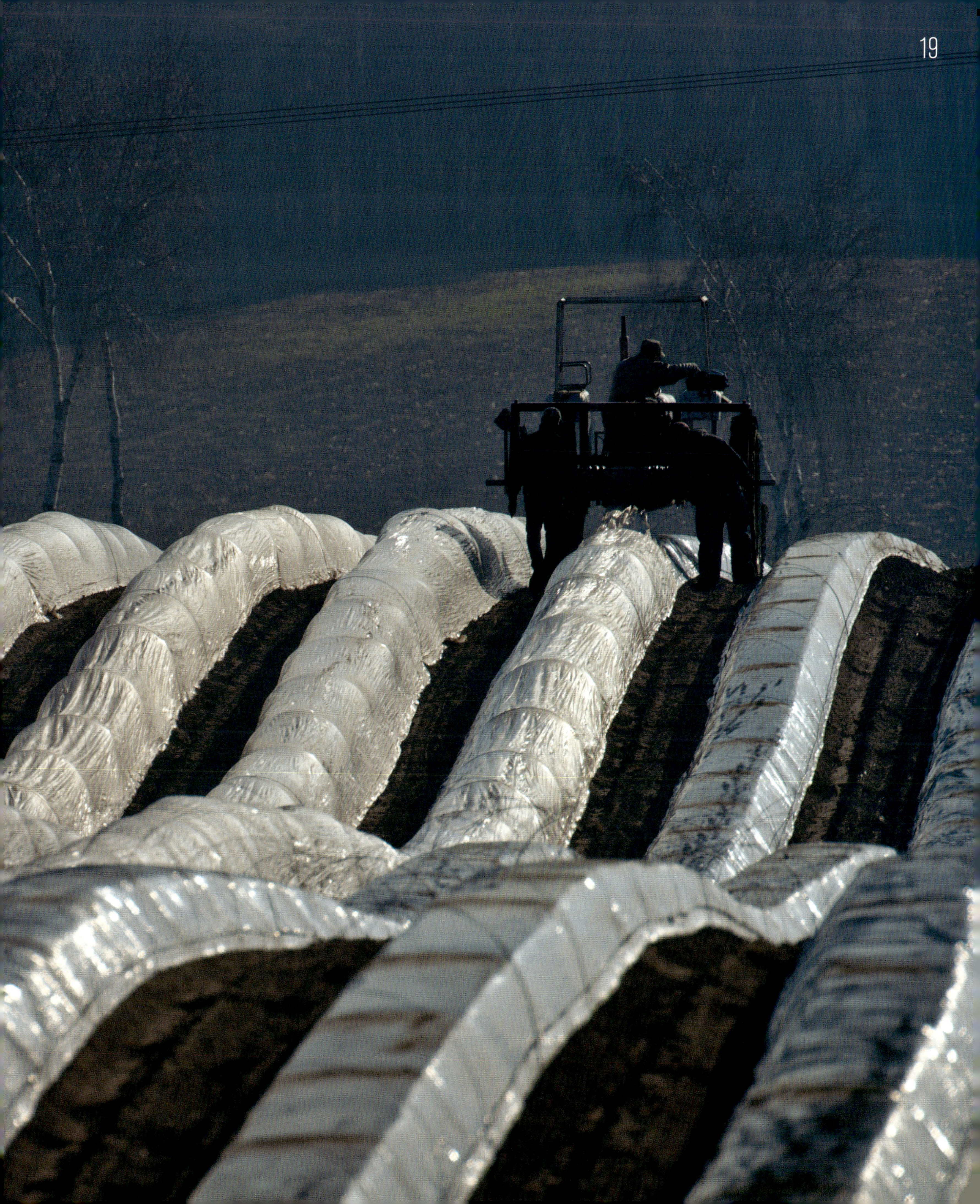

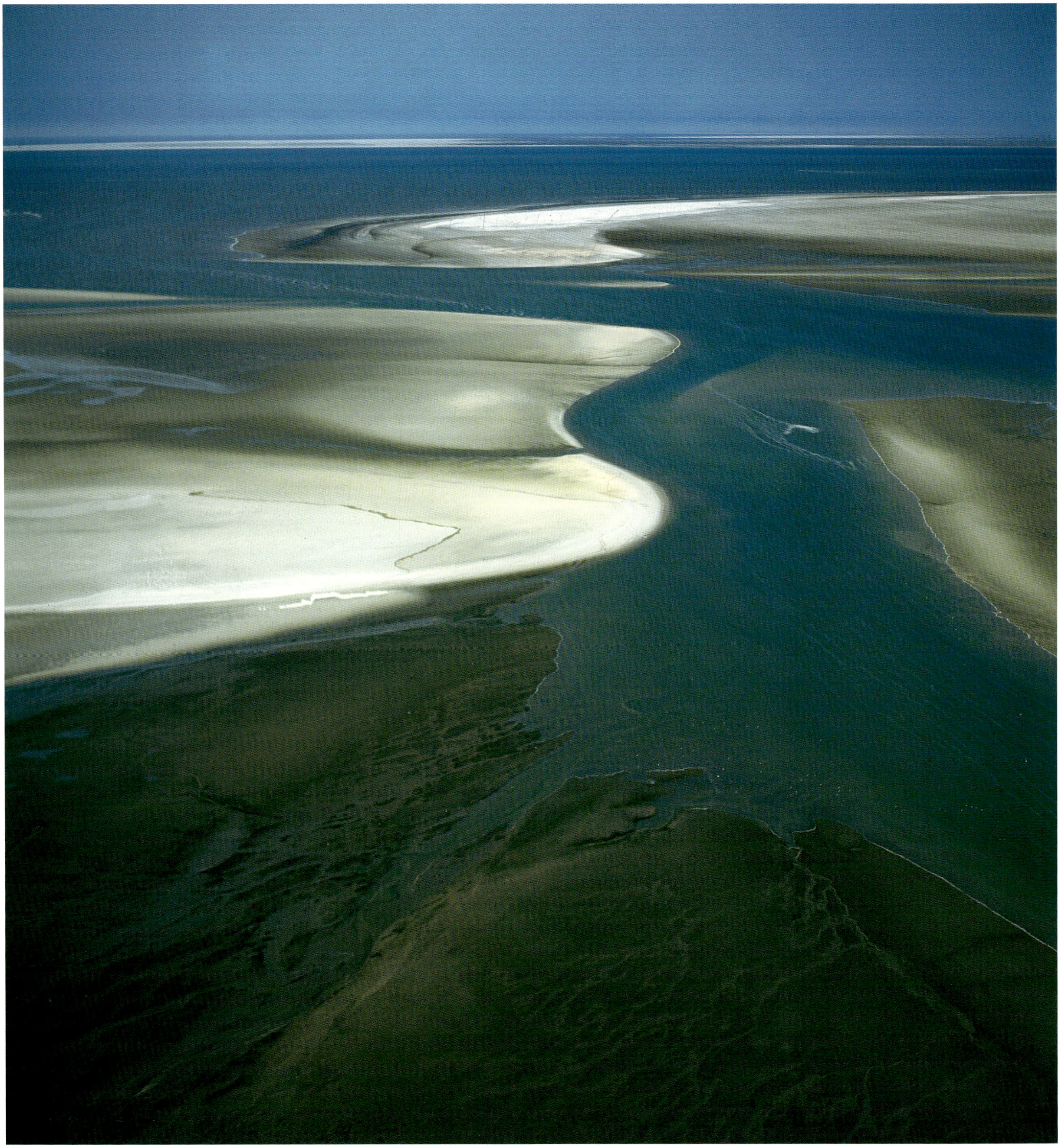

SAND UND MEER
Juli 1991

Das Wattenmeer vor dem Westerhever Leuchtturm bei Niedrigwasser

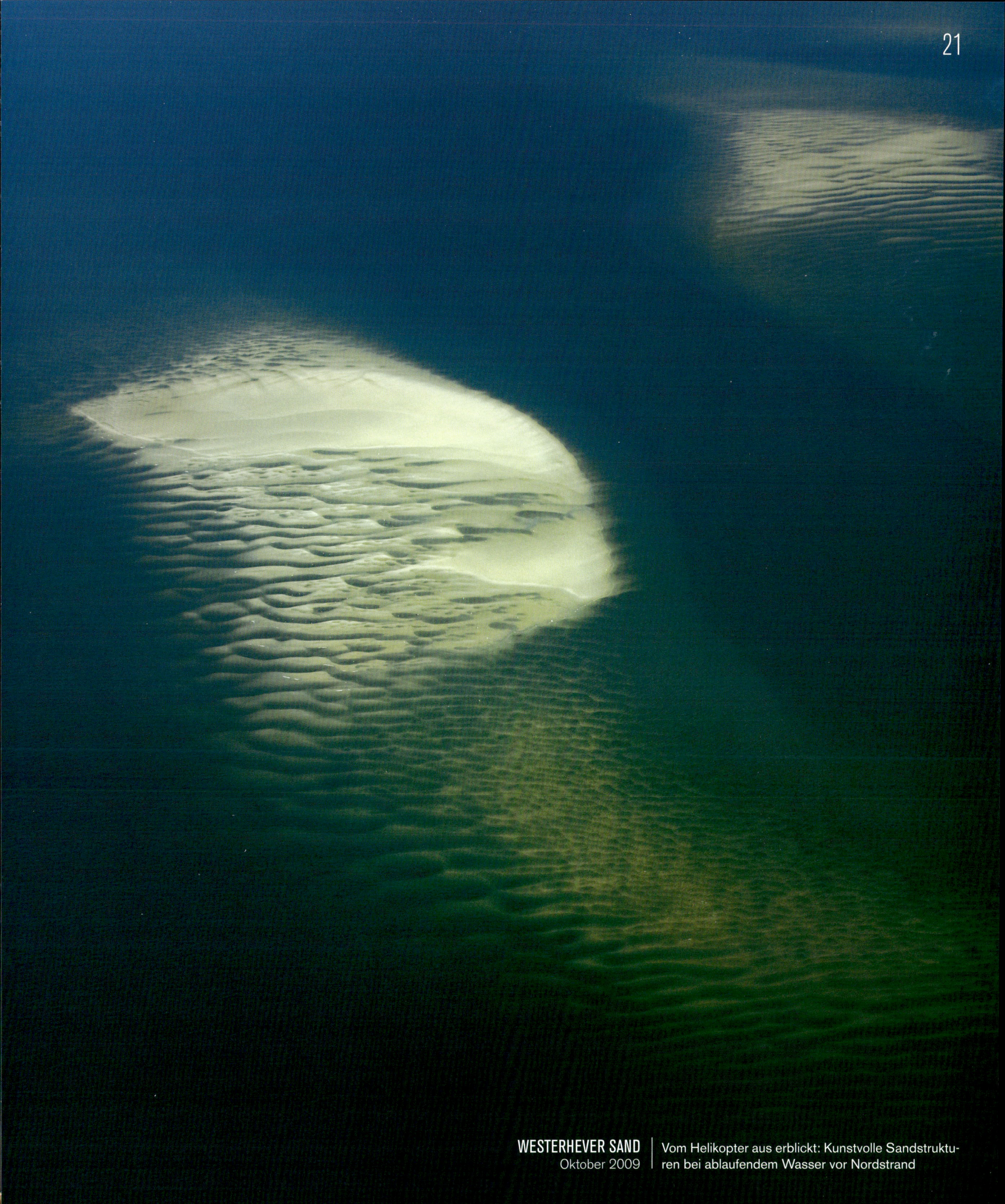

WESTERHEVER SAND
Oktober 2009

Vom Helikopter aus erblickt: Kunstvolle Sandstrukturen bei ablaufendem Wasser vor Nordstrand

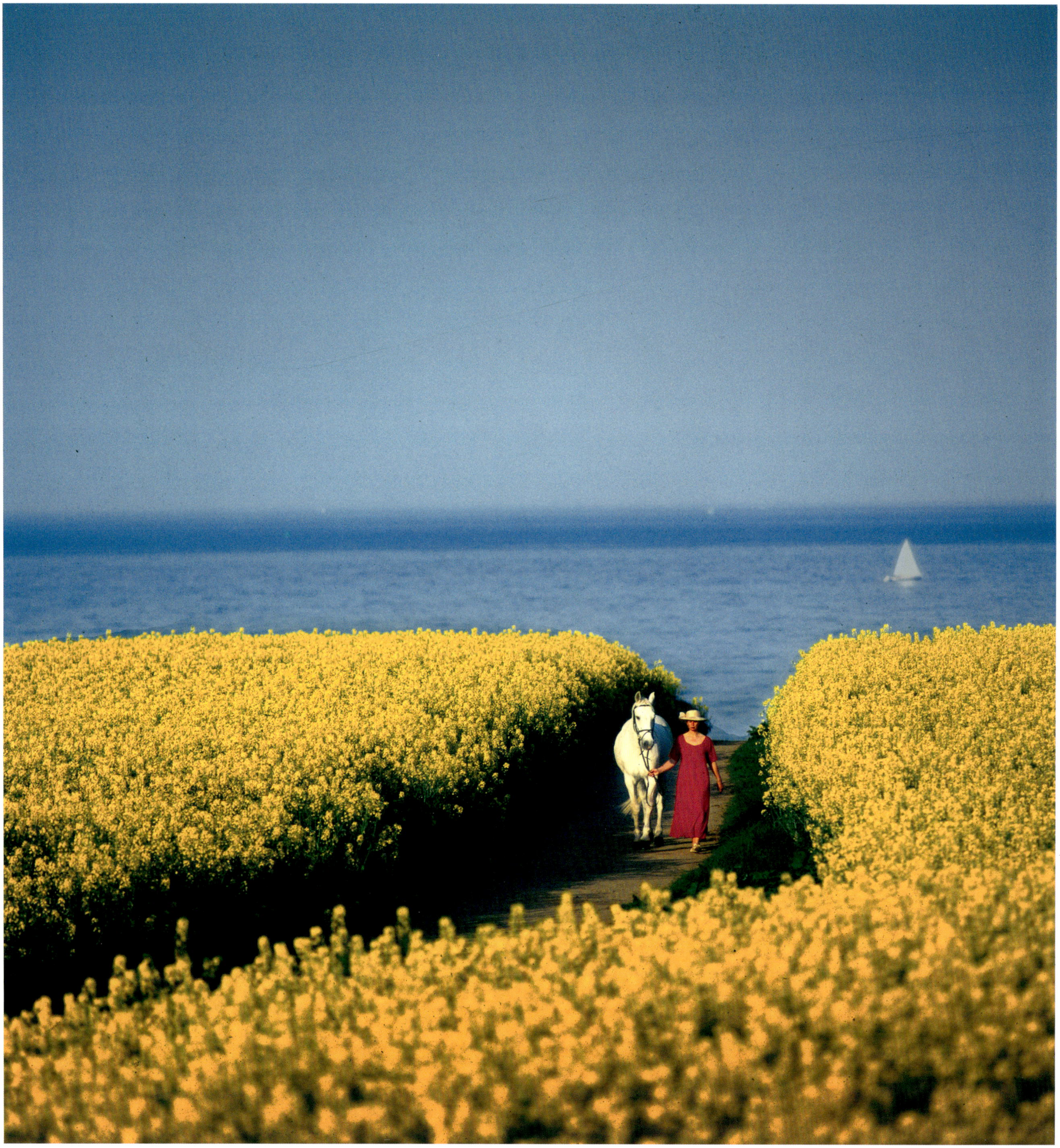

RAPS UND REITERIN
Mai 1998

Jedes dritte Jahr leuchtet der Raps an der Ostseeküste von Alt Bülk. Ulrike Schmitz folgt dem Wunsch des Fotografen und sorgt mit ihrem Schimmel für den Farbdreiklang in der Abendsonne.

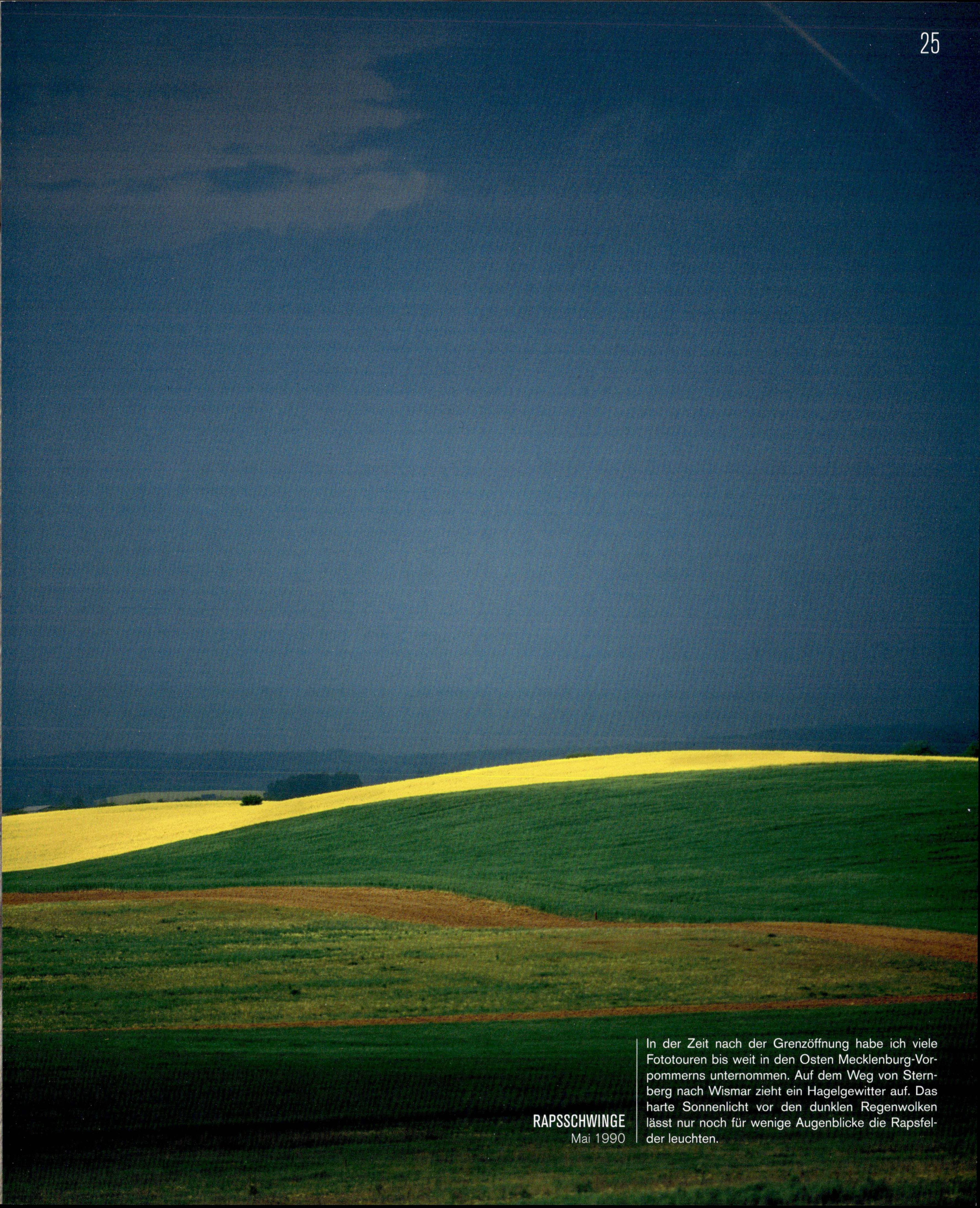

RAPSSCHWINGE
Mai 1990

In der Zeit nach der Grenzöffnung habe ich viele Fototouren bis weit in den Osten Mecklenburg-Vorpommerns unternommen. Auf dem Weg von Sternberg nach Wismar zieht ein Hagelgewitter auf. Das harte Sonnenlicht vor den dunklen Regenwolken lässt nur noch für wenige Augenblicke die Rapsfelder leuchten.

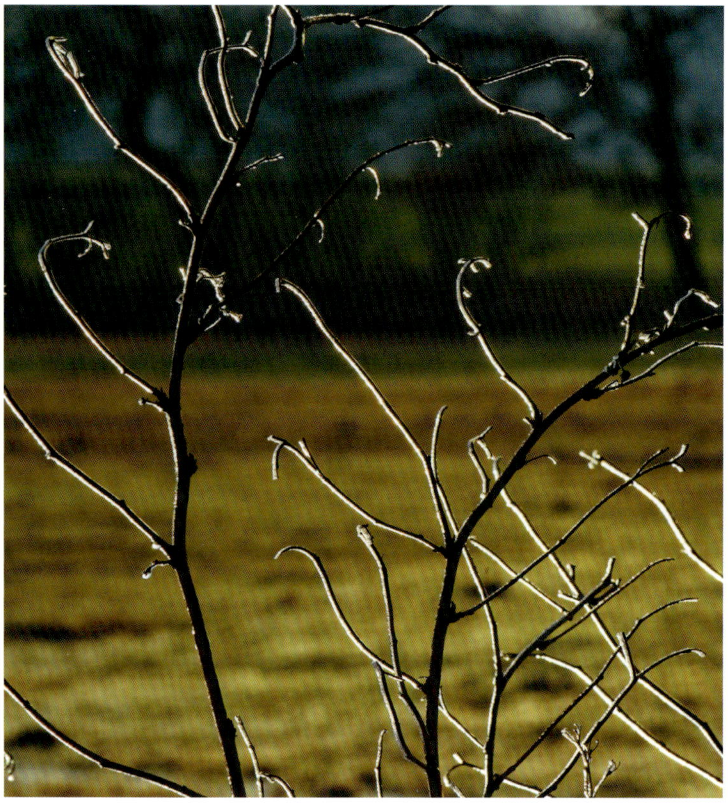

EISREGEN | Januar 2009
Im Schülper Moor bei Nortorf

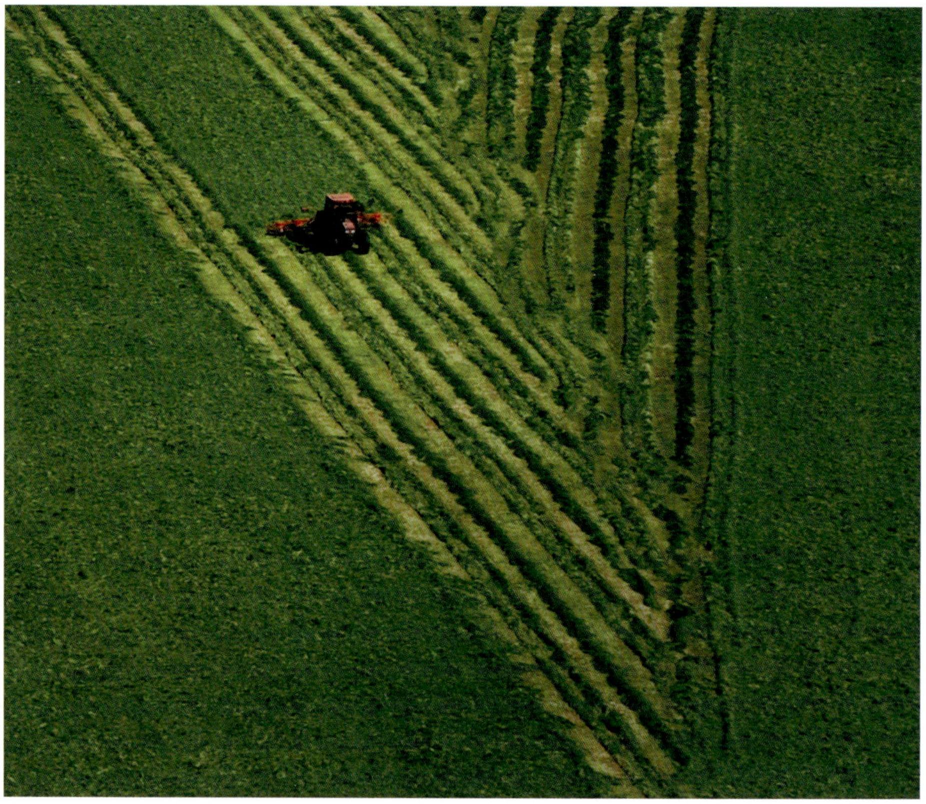

HOF GERDES IN SCHMALFELD | Mai 2009
Erinnerungen an meine Lehrzeit 1967 werden wach.

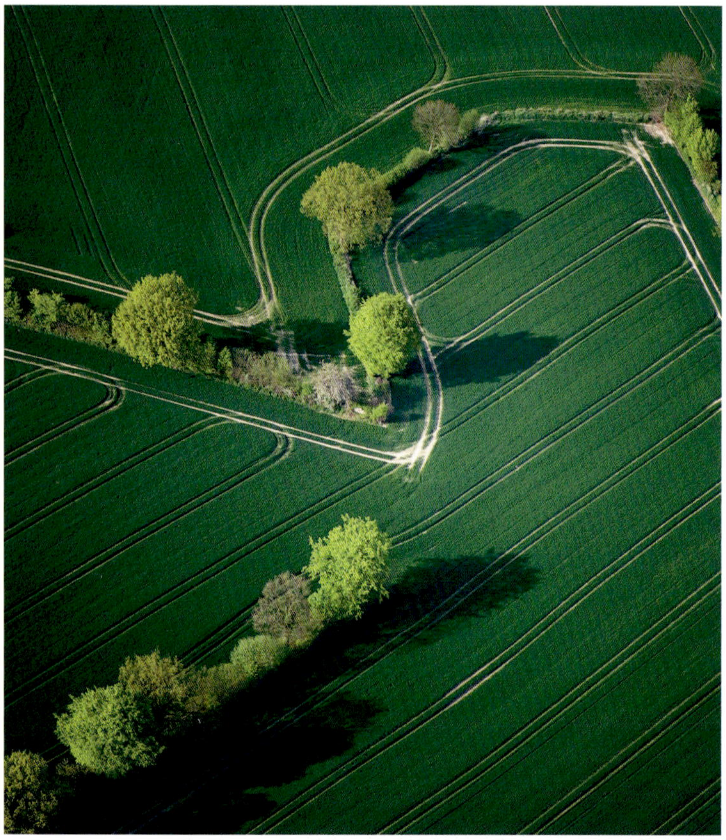

FRÜHLINGSSPUREN | Mai 2008
Knicklandschaft bei Schinkel am Nord-Ostsee-Kanal

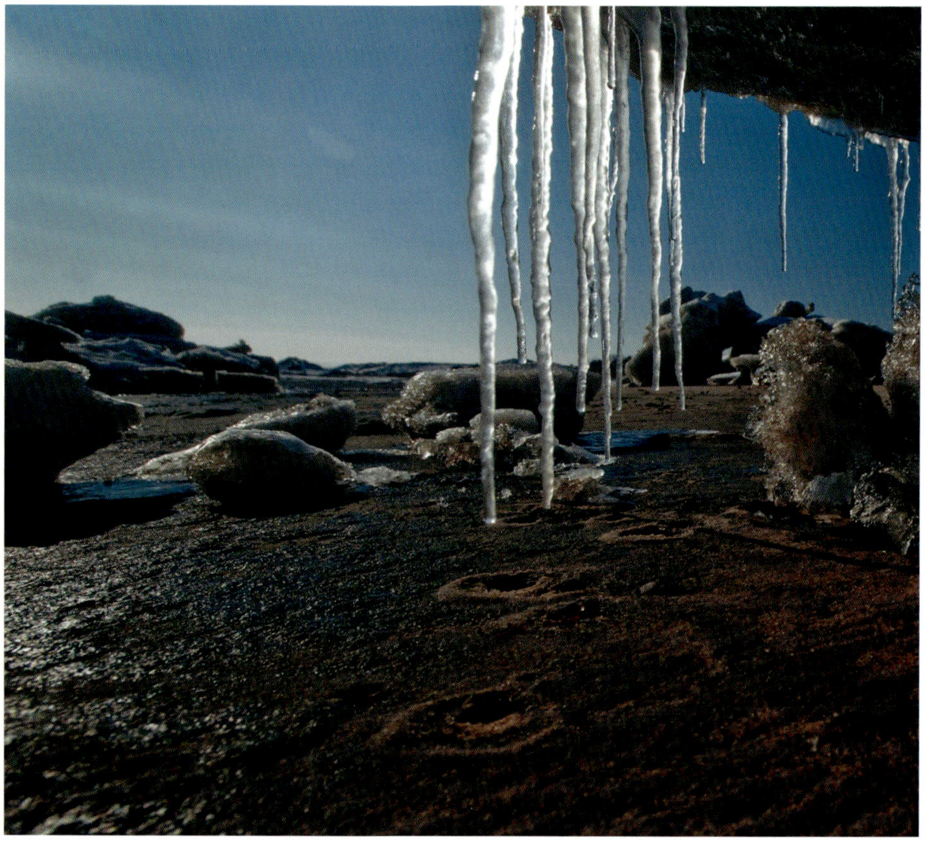

EISSCHMELZE | Februar 2010
Tauwetter im Wattenmeer vor List auf Sylt

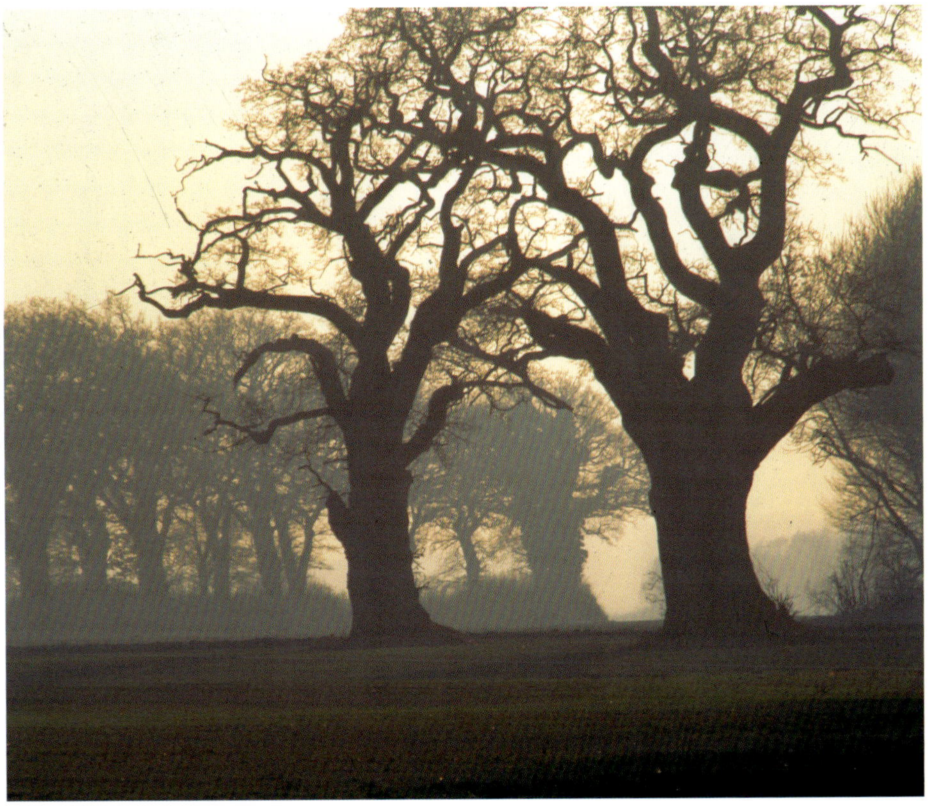

PRONSTORF | Dezember 2000
Ein Bildmotiv für viele Besucher
– die mächtigen Eichen auf den Feldern von Gut Pronstorf

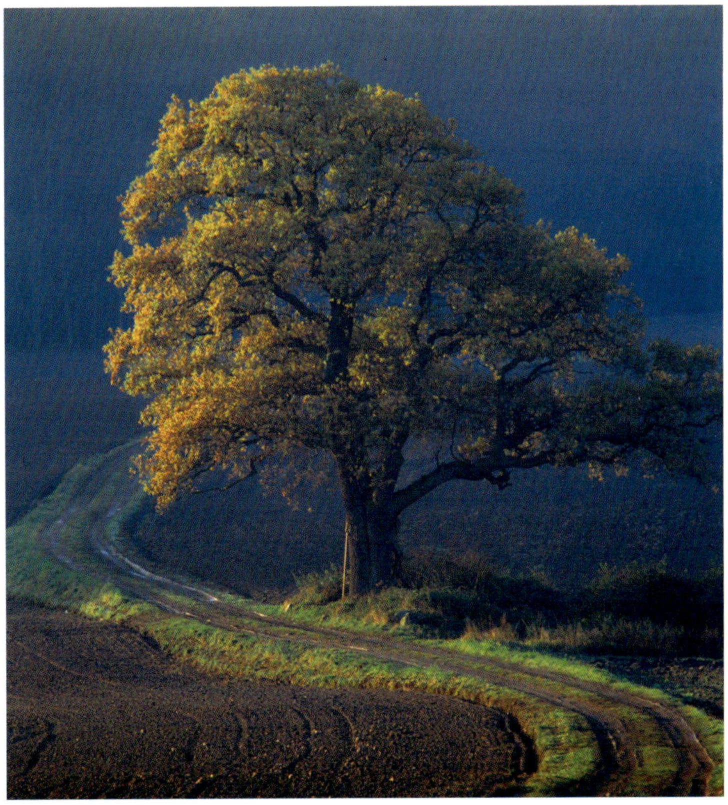

VERGANGENHEIT | November 1994
Der Weg ist geblieben, die Eiche gefallen auf Gut Marutendorf bei Achterwehr.

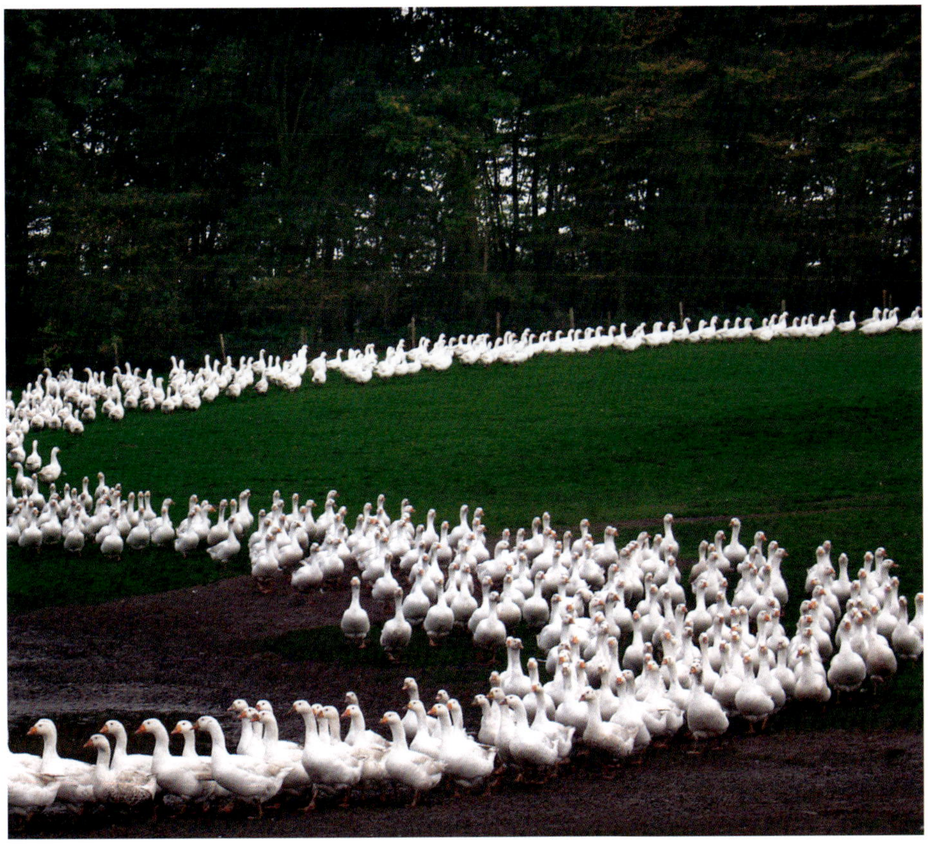

GÄNSEMARSCH | November 2001
Markeruper Weihnachtsgänse in Reih und Glied gelenkt fürs Foto – vor und zurück.

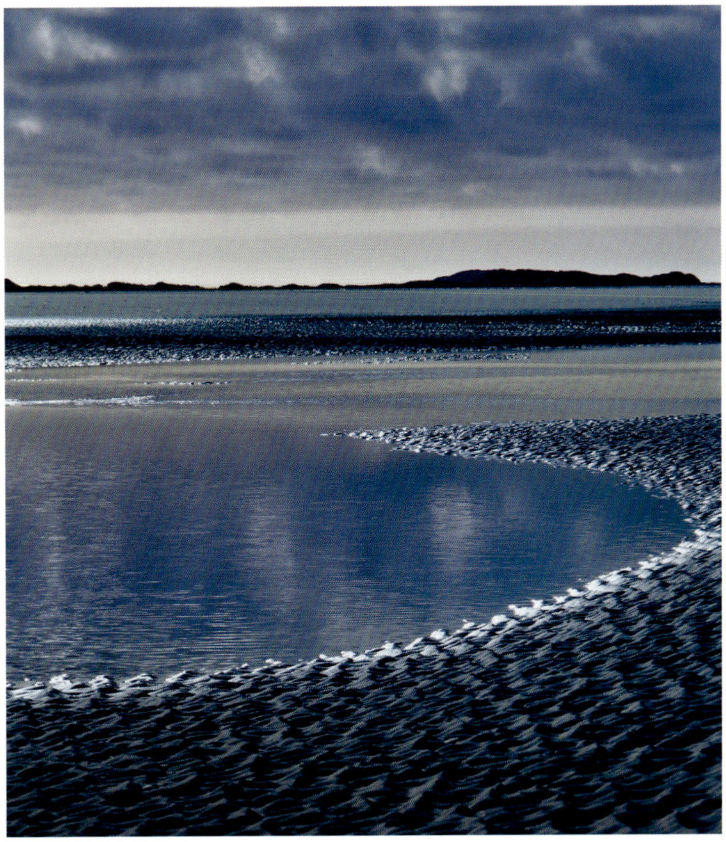

GRAUES WATT | November 2012
Lichtspuren im Kniepsand vor Amrum

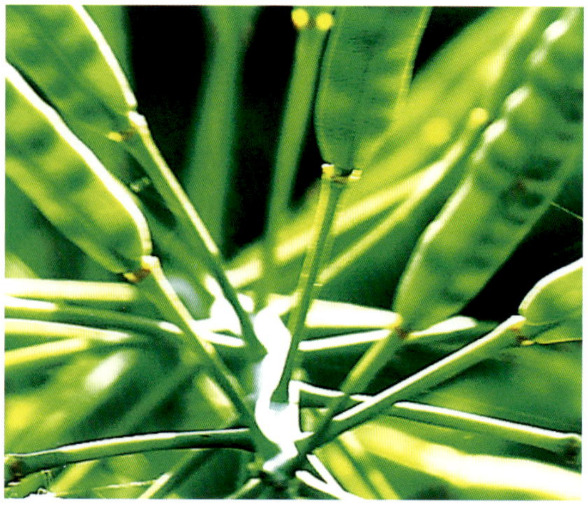
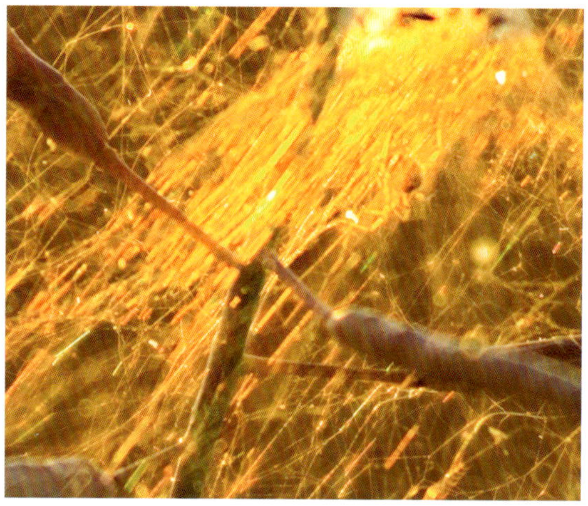
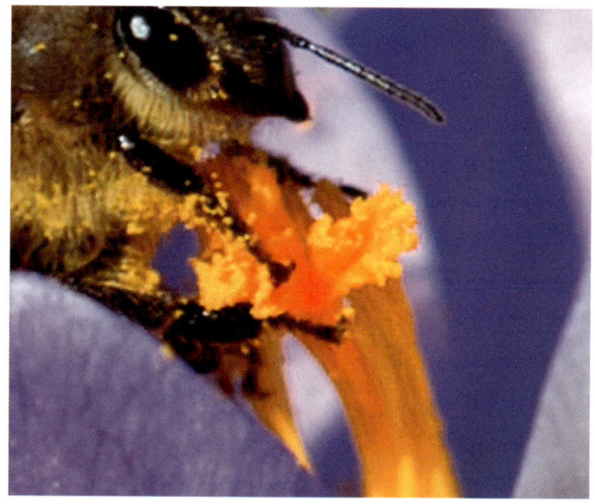
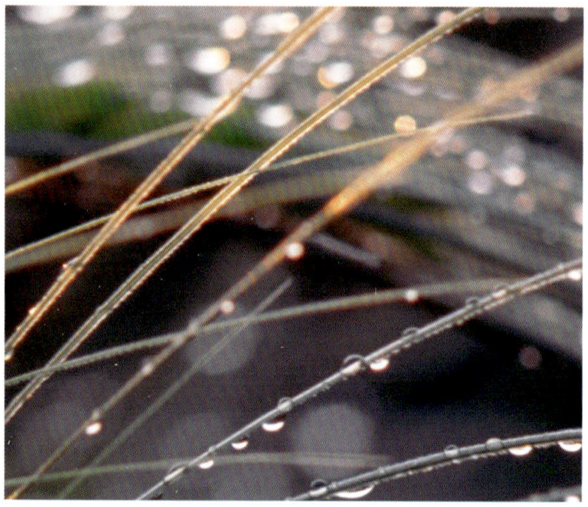
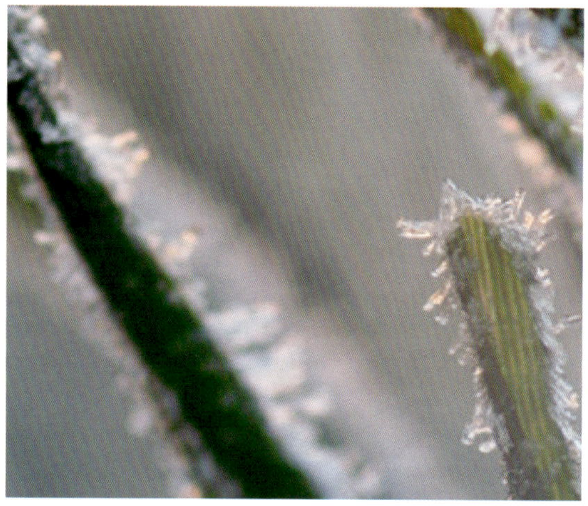
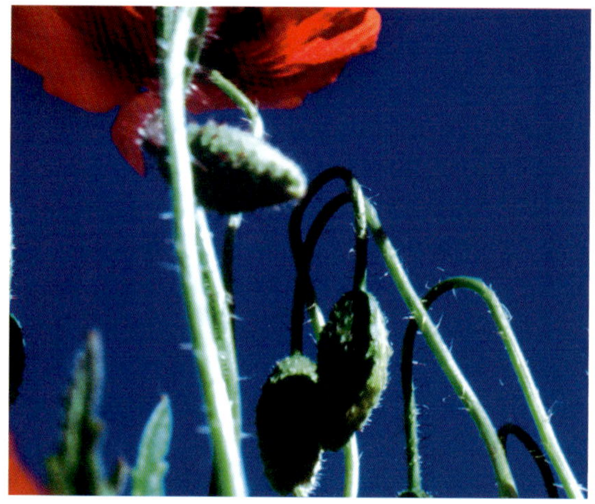
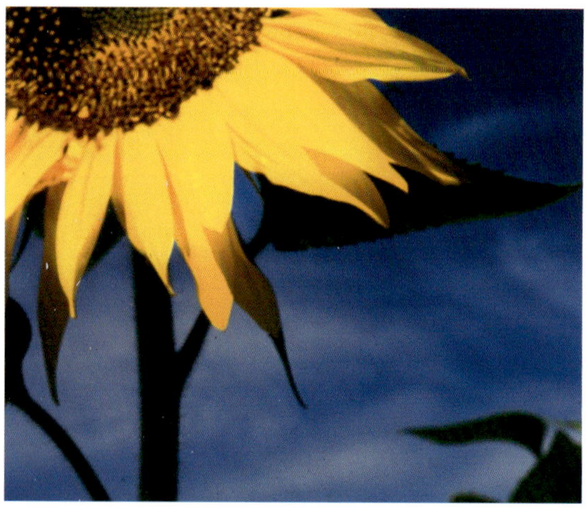
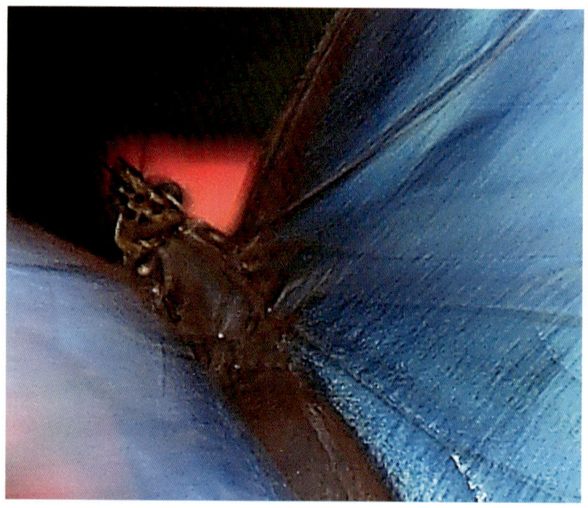
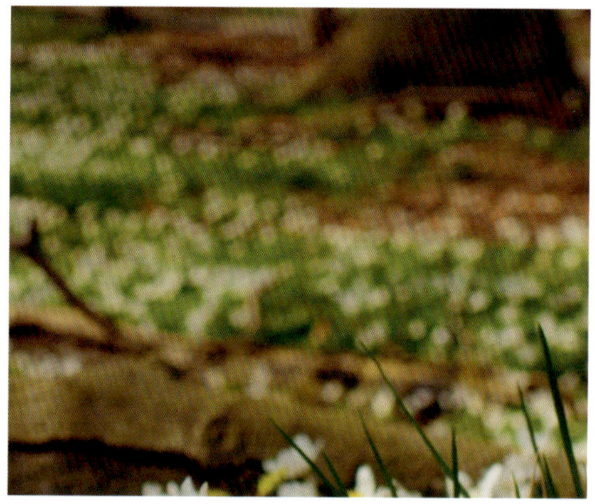
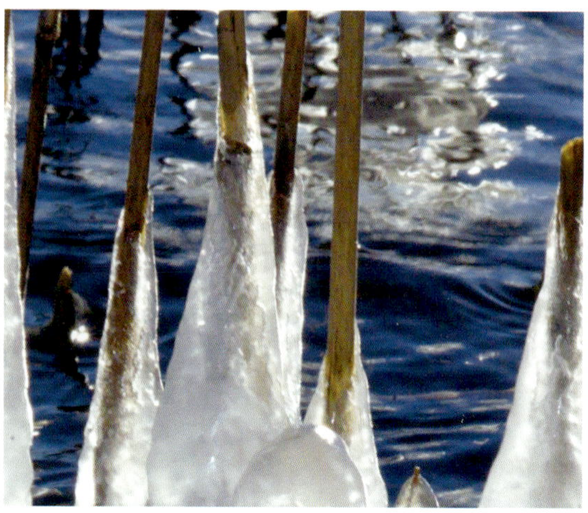
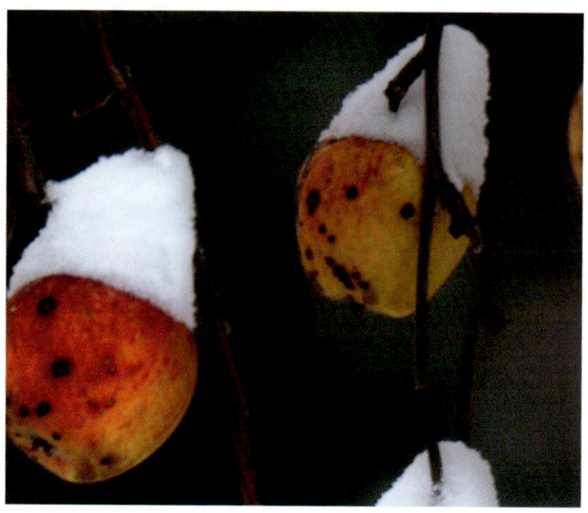
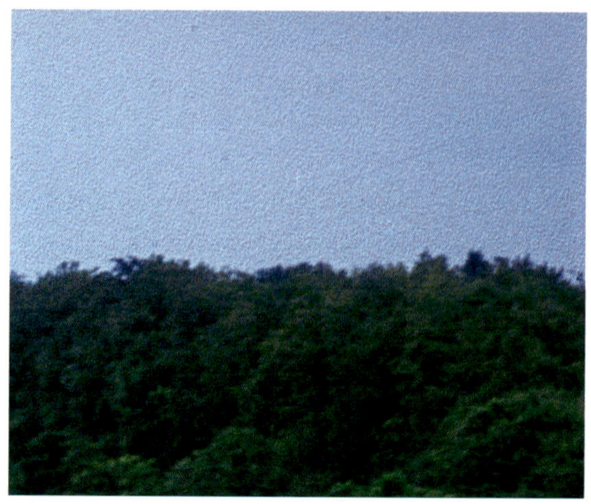

II

FARBE, FORM UND FLORA

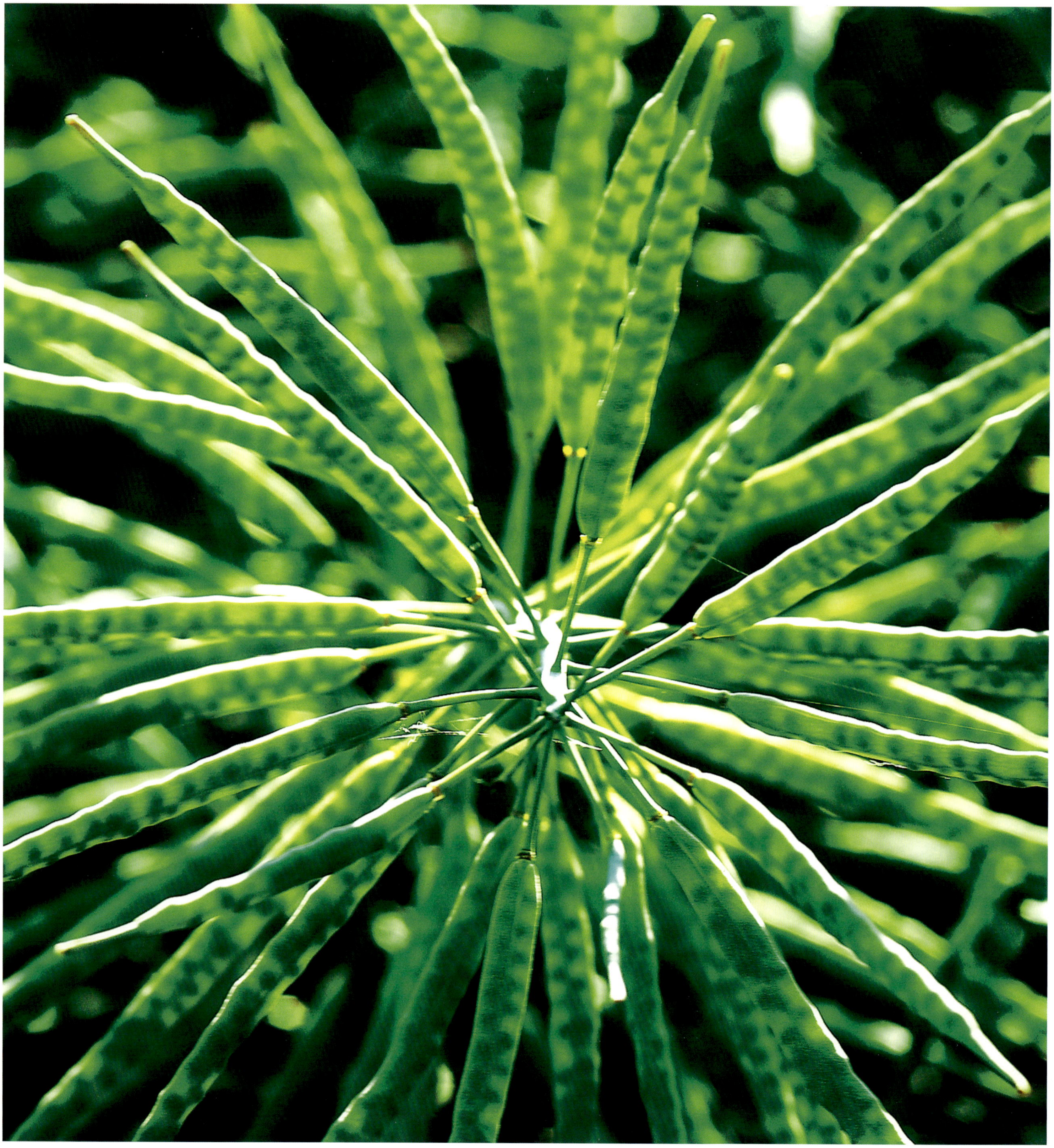

DURCHSICHTIG
Juni 2007

Die Sonne durchleuchtet die Rapsschoten im Zuchtgarten bei Marienthal so tief von hinten, dass sich die Körner zählen lassen.

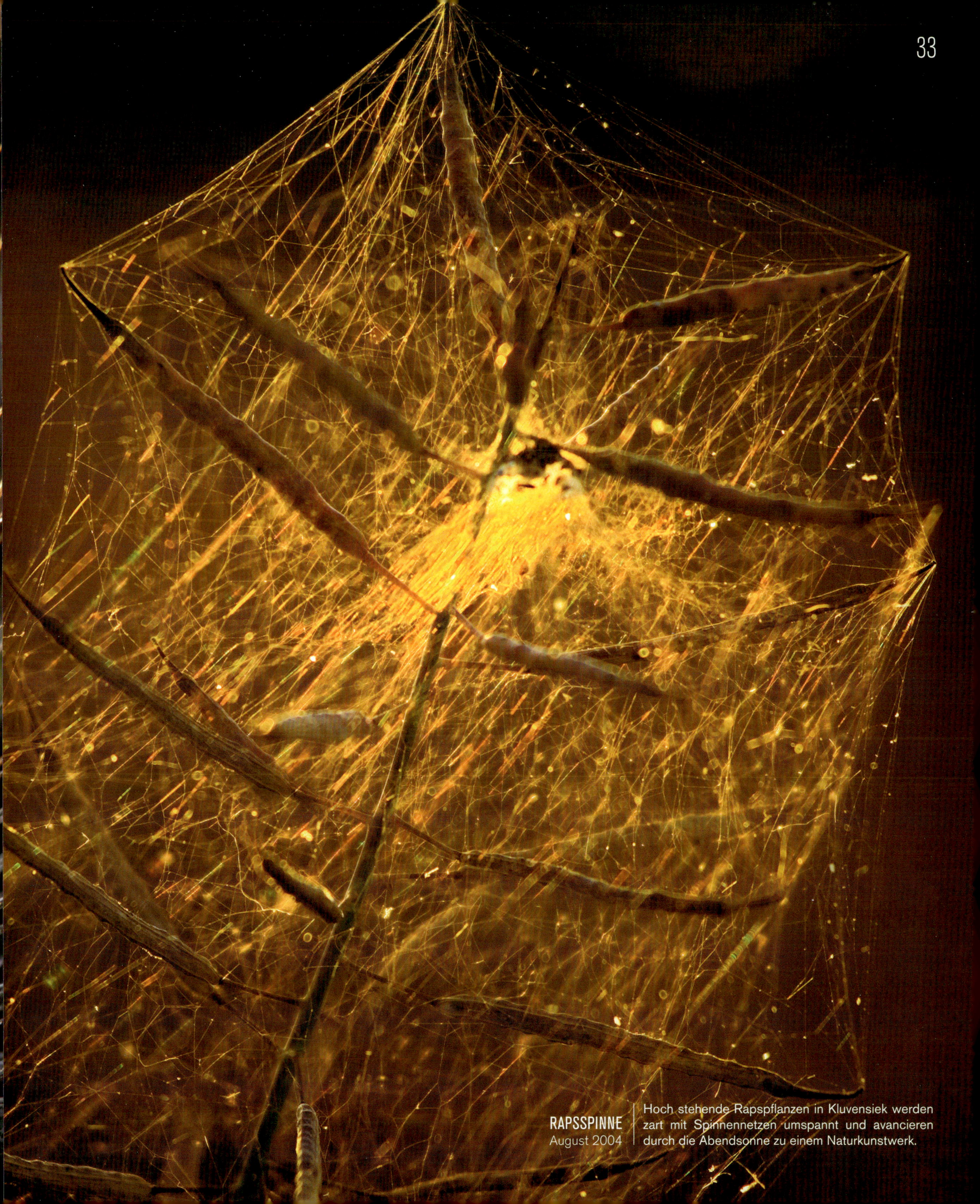

RAPSSPINNE
August 2004

Hoch stehende Rapspflanzen in Kluvensiek werden zart mit Spinnennetzen umspannt und avancieren durch die Abendsonne zu einem Naturkunstwerk.

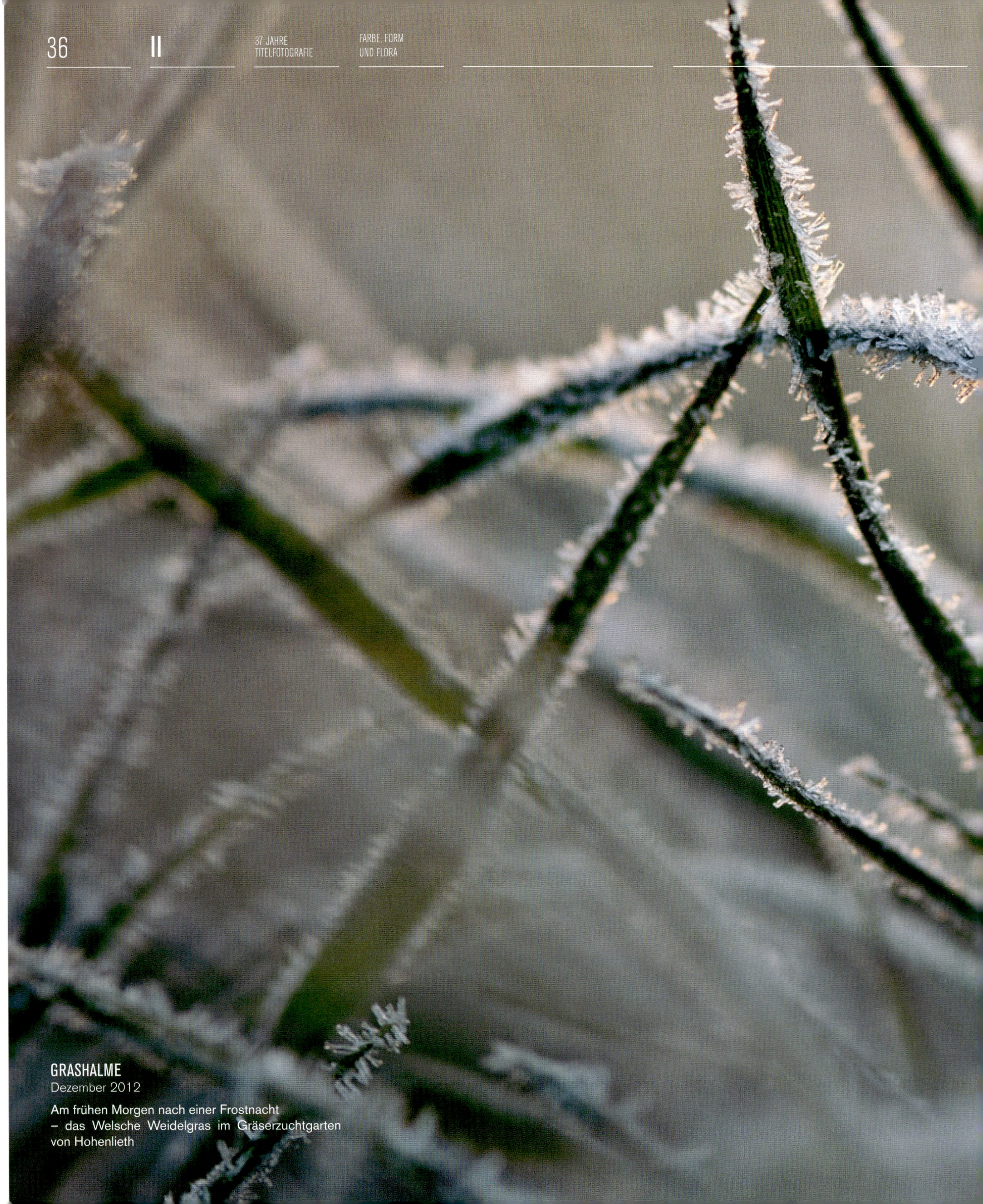

GRASHALME
Dezember 2012

Am frühen Morgen nach einer Frostnacht – das Welsche Weidelgras im Gräserzuchtgarten von Hohenlieth

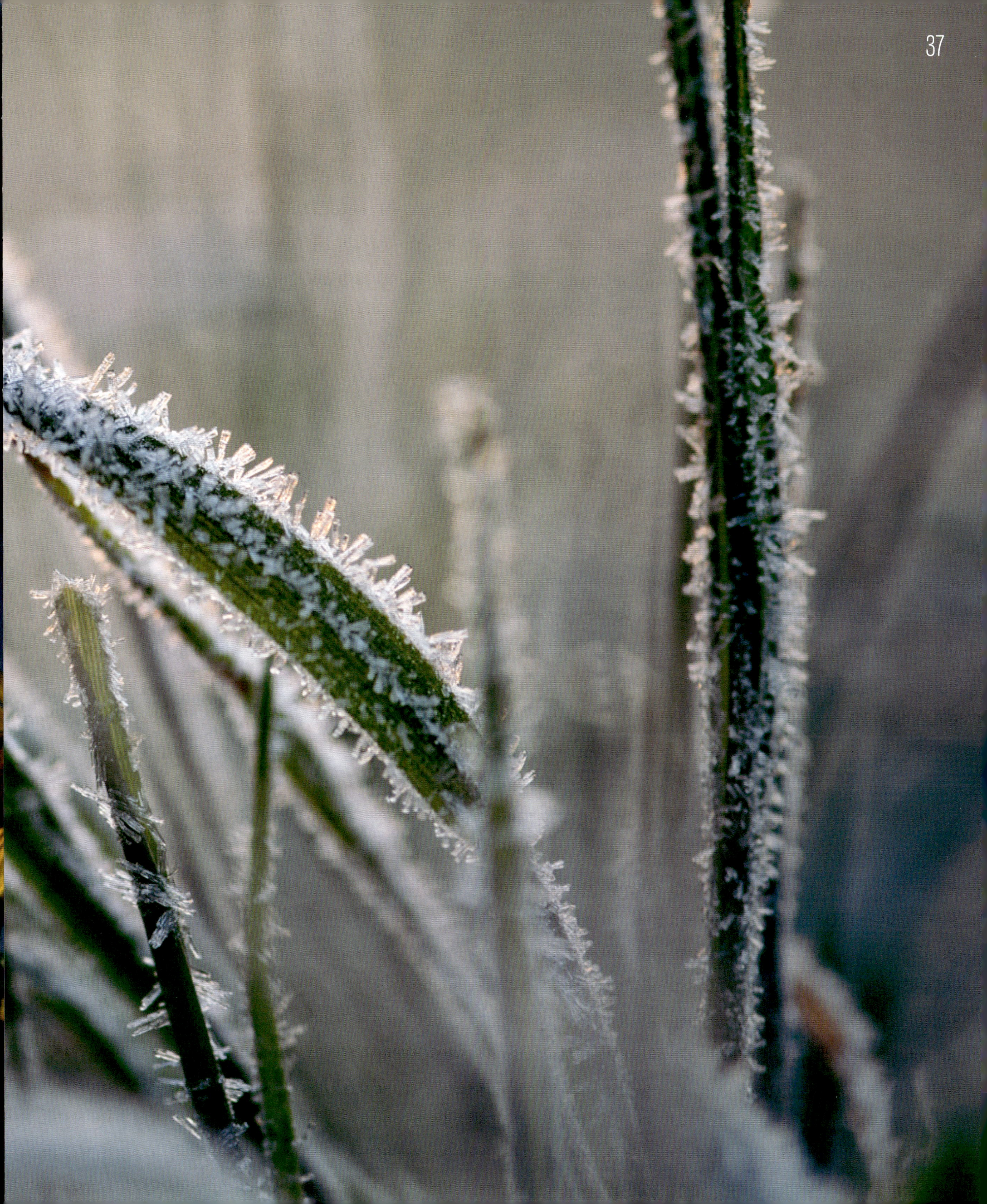

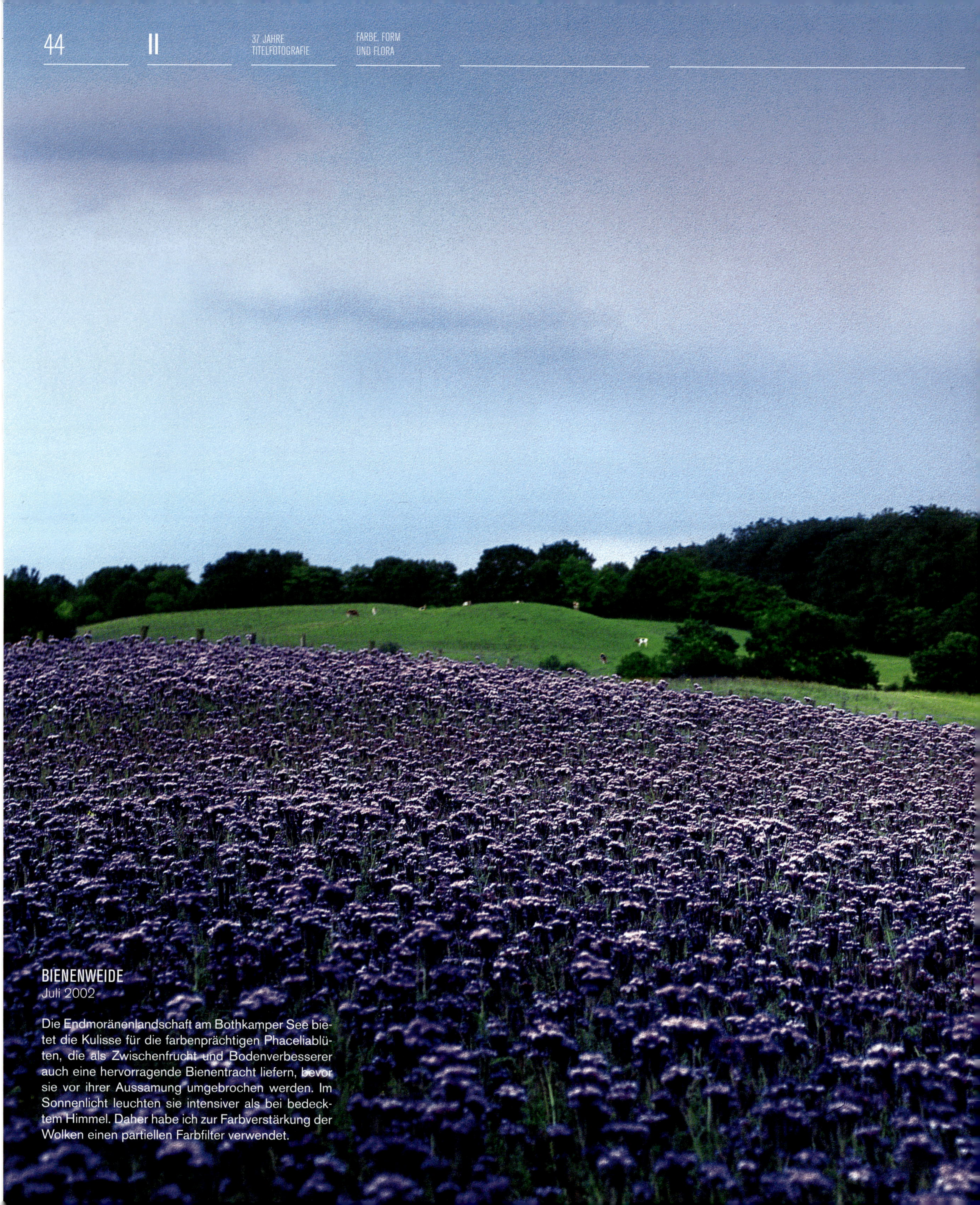

BIENENWEIDE
Juli 2002

Die Endmoränenlandschaft am Bothkamper See bietet die Kulisse für die farbenprächtigen Phaceliablüten, die als Zwischenfrucht und Bodenverbesserer auch eine hervorragende Bienentracht liefern, bevor sie vor ihrer Aussamung umgebrochen werden. Im Sonnenlicht leuchten sie intensiver als bei bedecktem Himmel. Daher habe ich zur Farbverstärkung der Wolken einen partiellen Farbfilter verwendet.

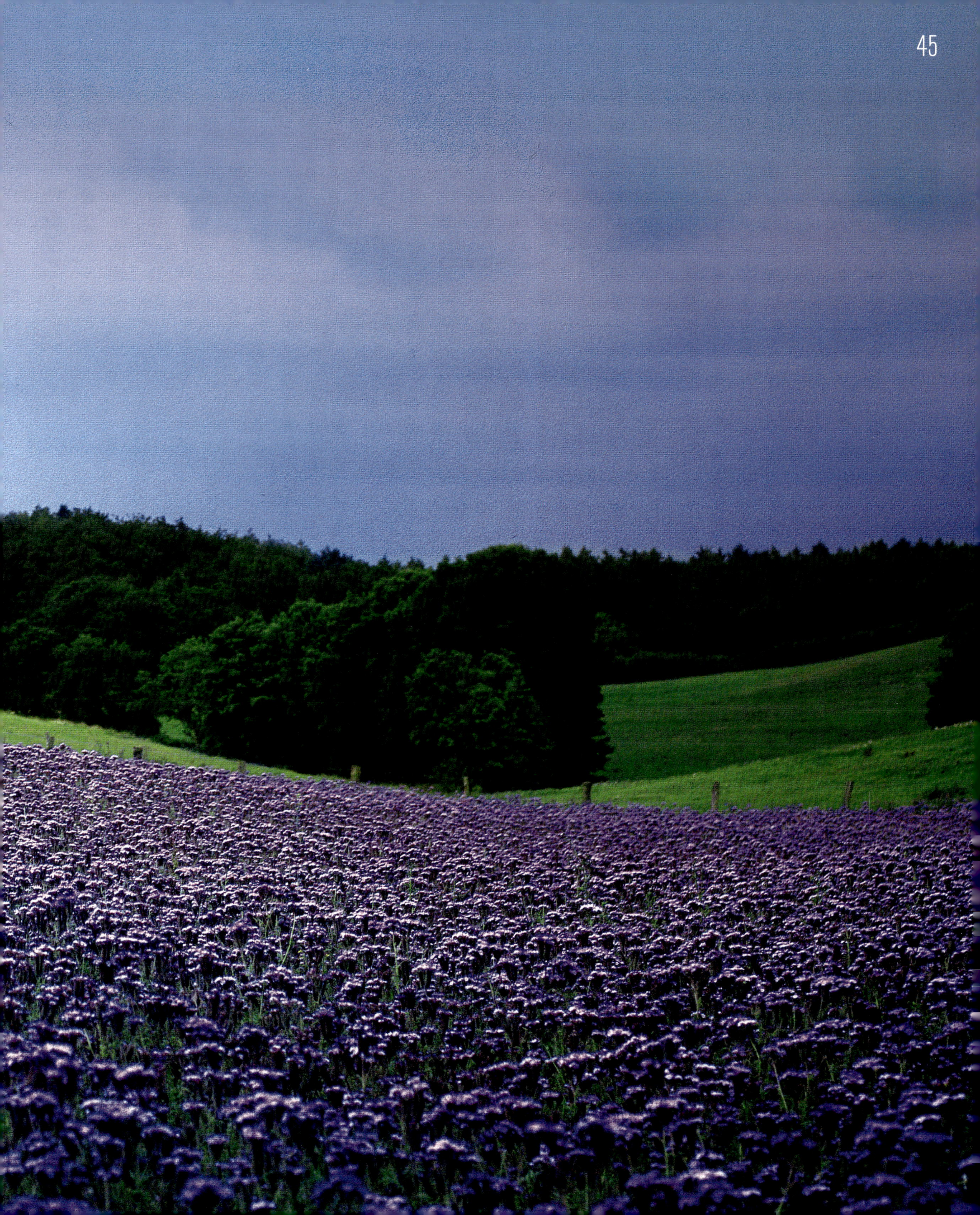

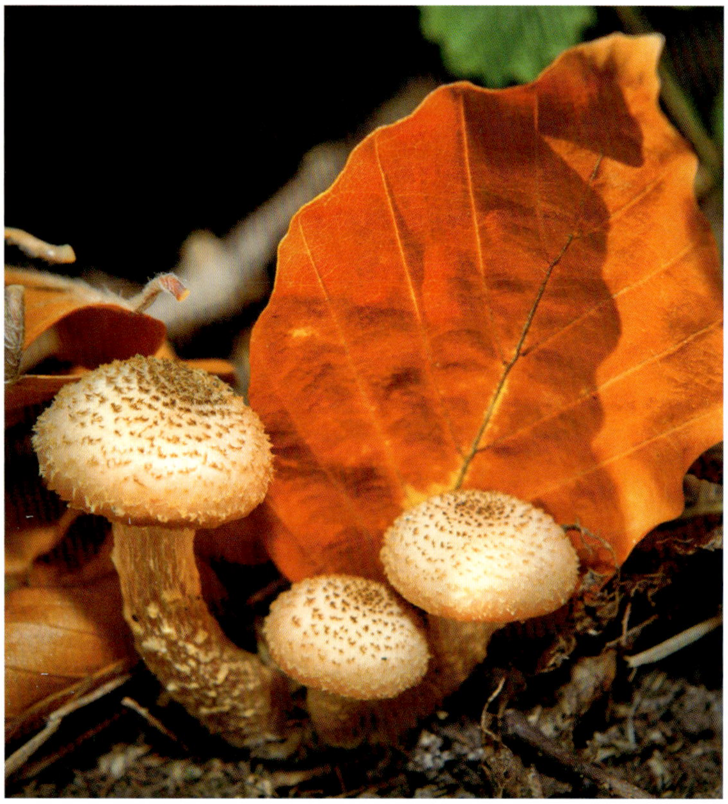

WARMTÖNE | November 2012
Pilze vorm Buchenblatt am Selenter See

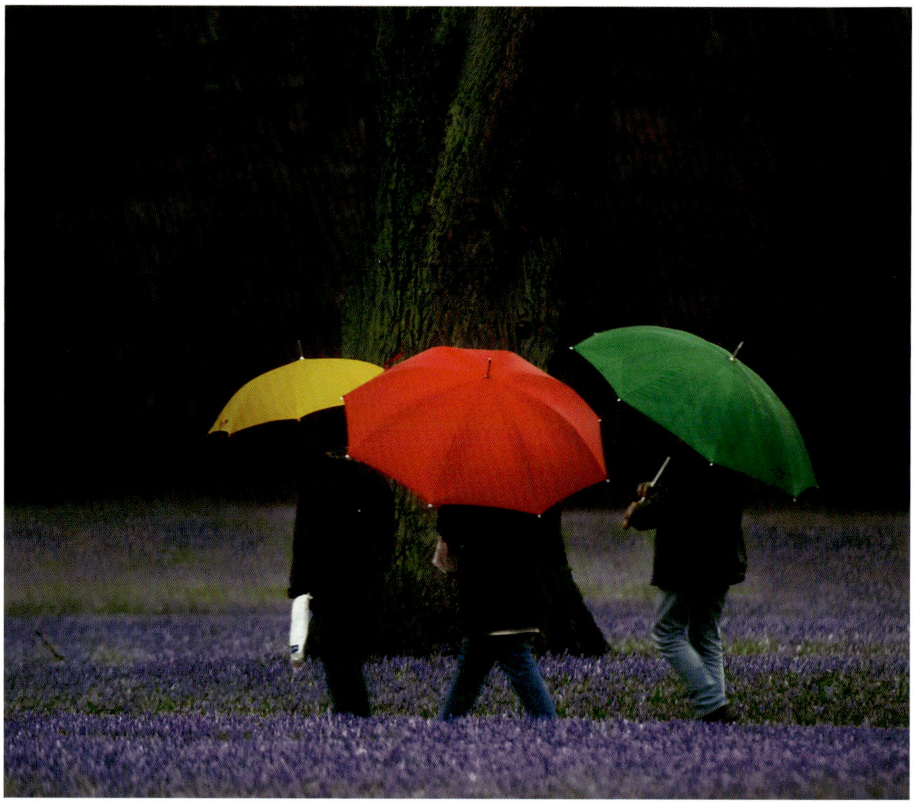

FARBTRIO | April 2006
Beschirmte Besucher im Husumer Schlosspark

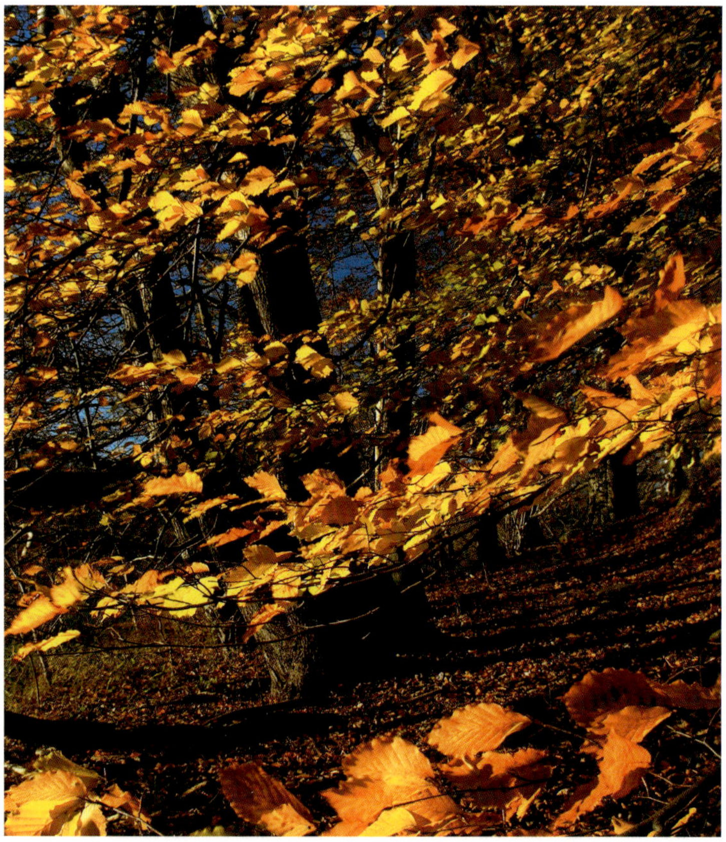

GOLDENER HERBST | November 2007
An den Dickendörner Fischteichen bei Emkendorf

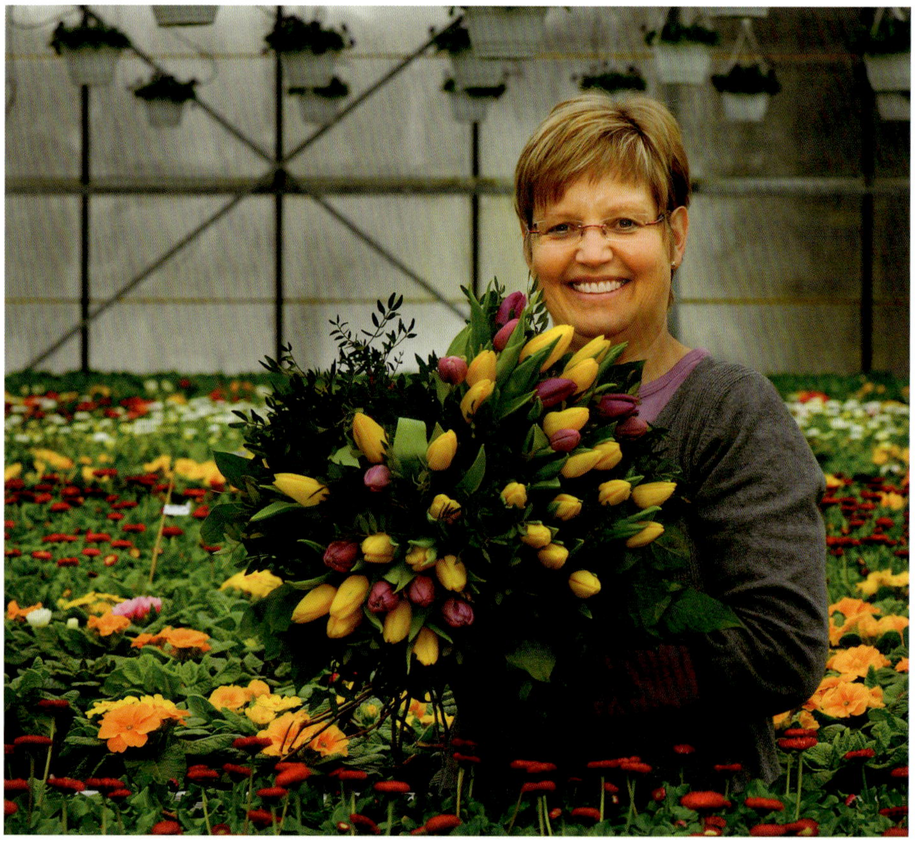

BLÜHENDE AUSSICHTEN | März 2010
Frühlingsboten – Petra Colmorgen aus Haby

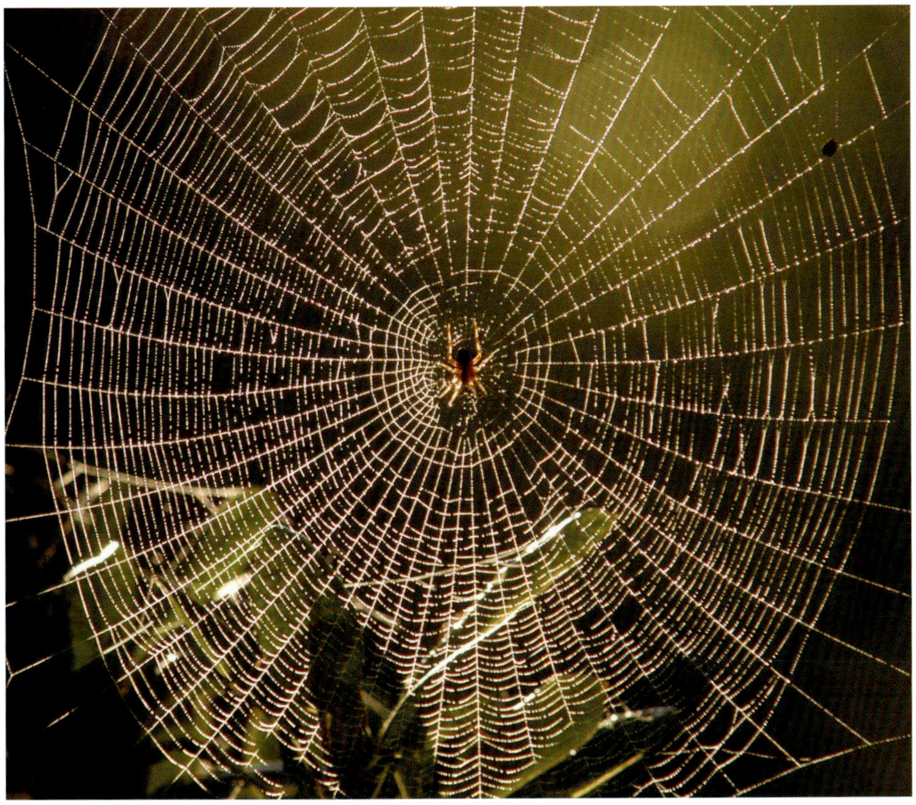

ALTWEIBERSOMMER | Oktober 2011

Spinneneifer im herbstlichen Frühmorgenlicht

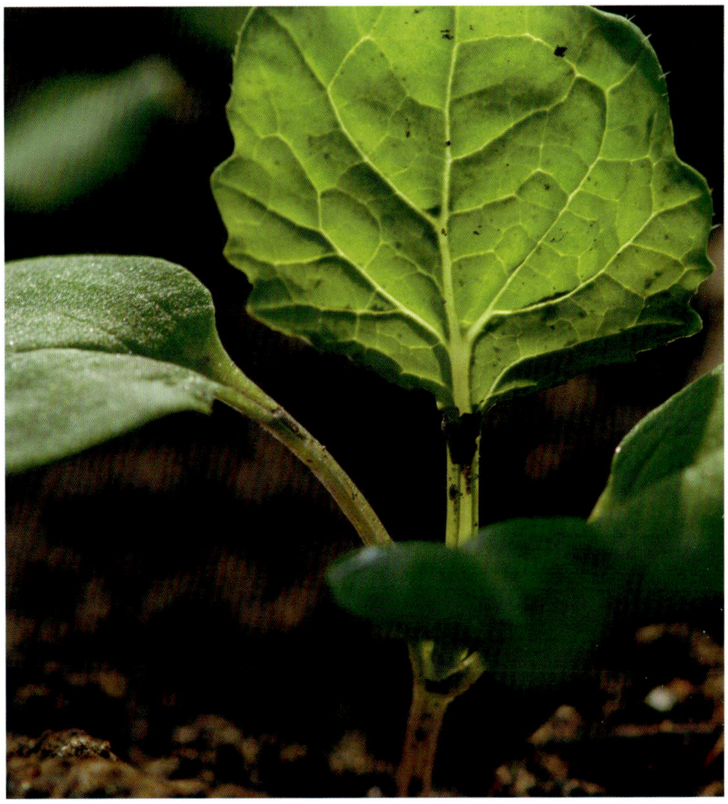

RAPSKEIMLING | September 2012

Klein ganz groß aus der Maulwurfperspektive

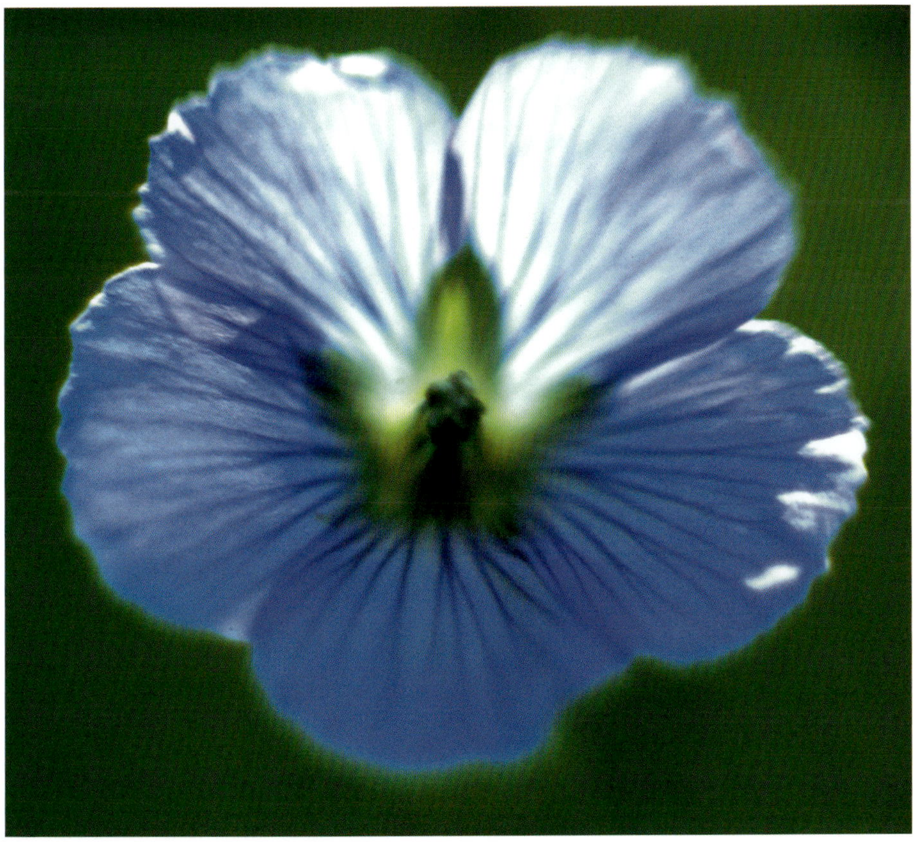

FLACHS | Juli 2004

Winzige Flachsblüte im Feld vor Altengörs bei Bad Segeberg

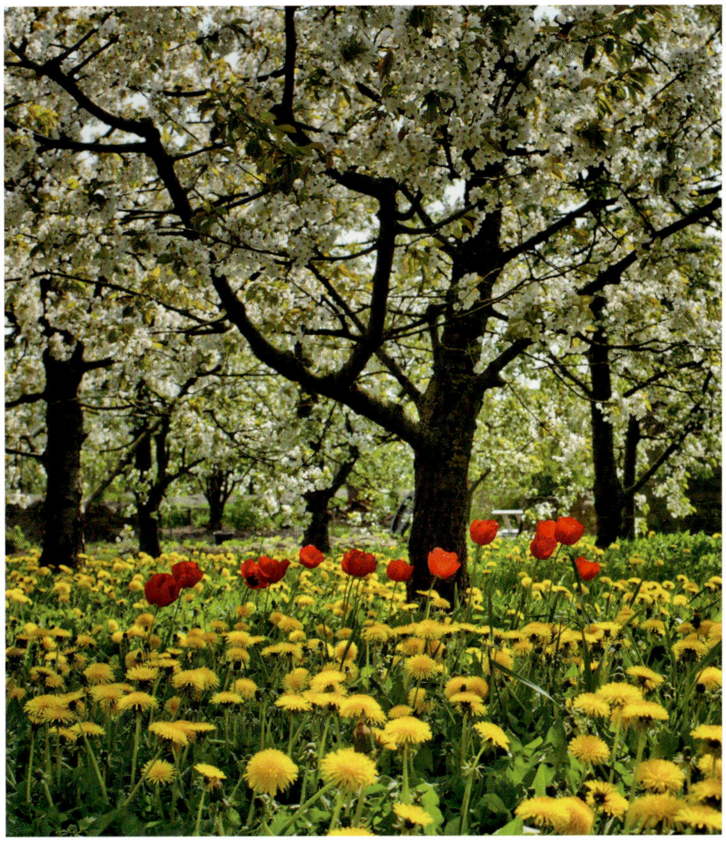

BLÜTENVIELFALT | April 2011

Kirschblüten über der Frühlingswiese im Alten Land Hamburgs

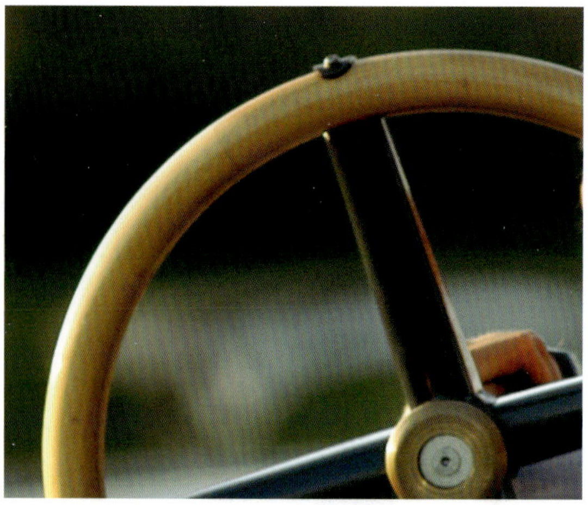
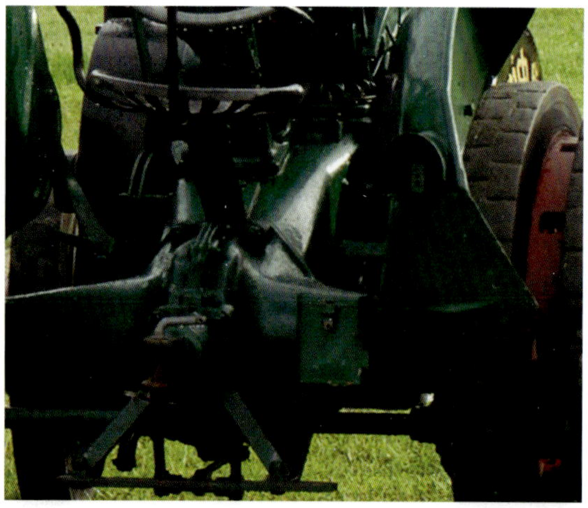
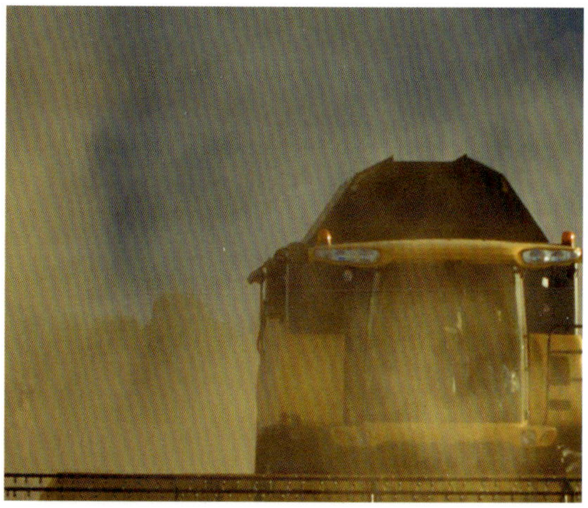
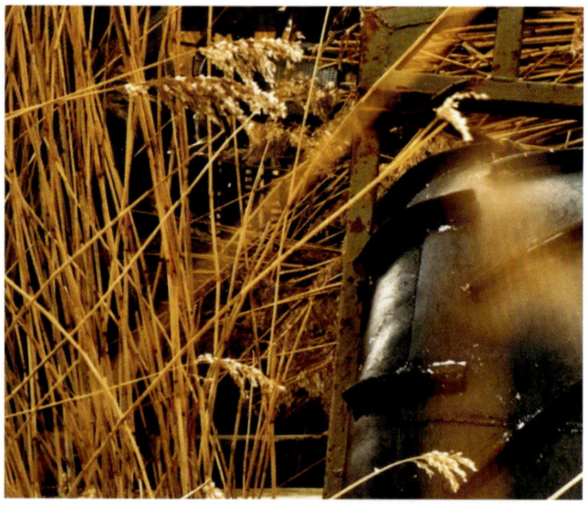
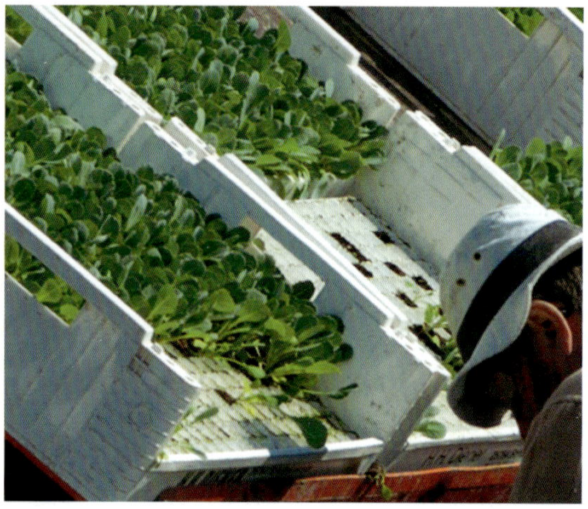
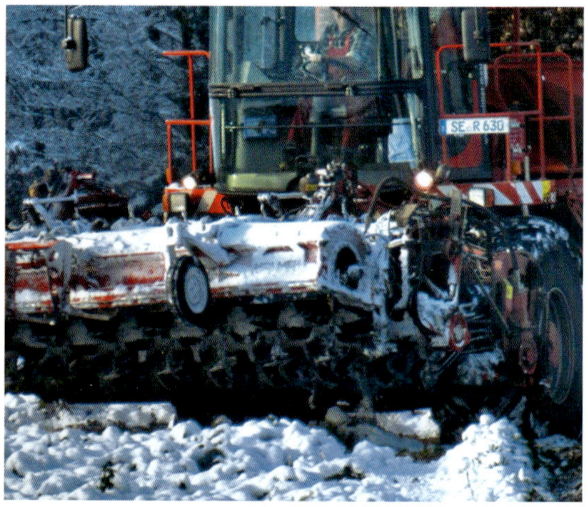
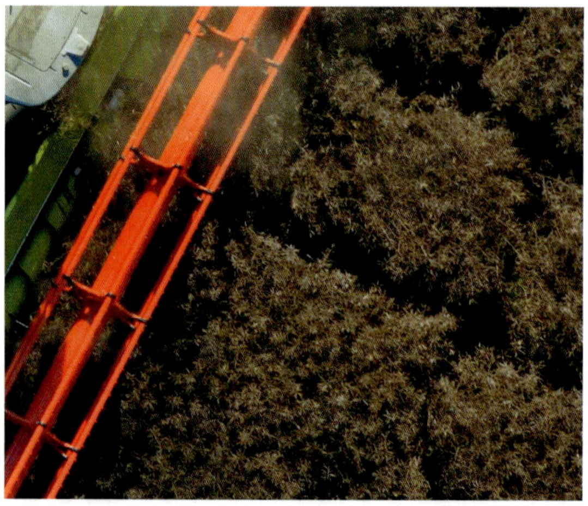
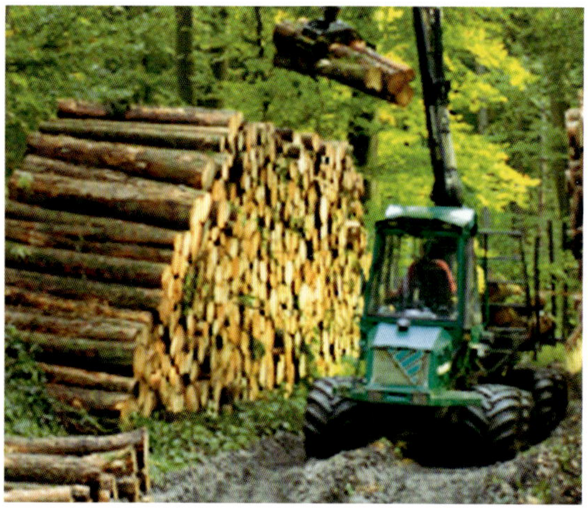
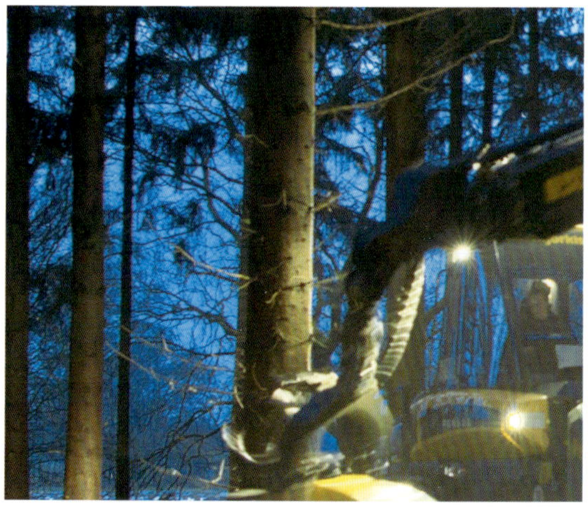

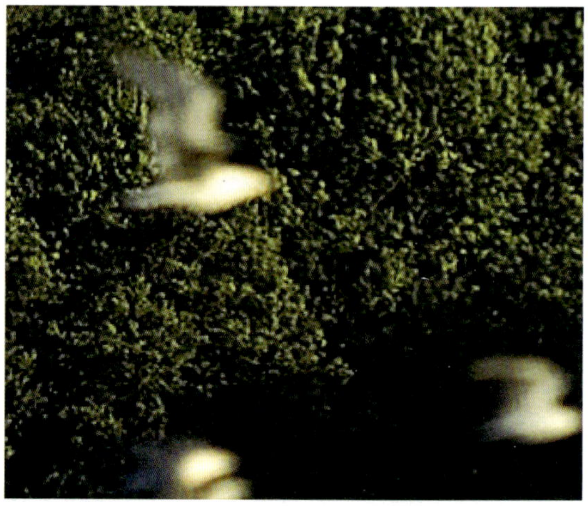

III

MENSCHEN, MASCHINEN UND MOTOREN

NACHTARBEIT
August 2004

Zügige Arbeitsprozesse mit schweren, schlagkräftigen Maschinen bei Raisdorf

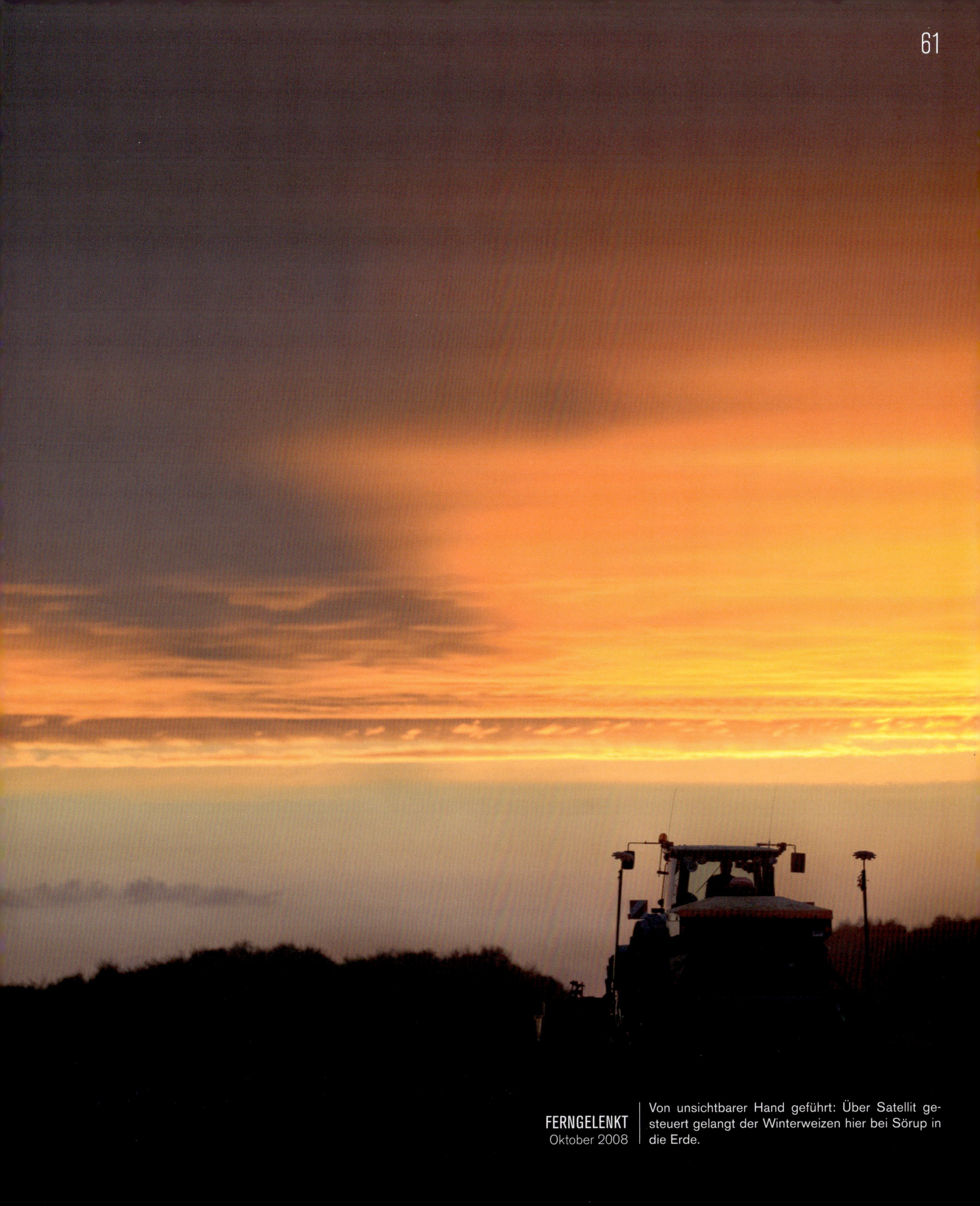

FERNGELENKT
Oktober 2008

Von unsichtbarer Hand geführt: Über Satellit gesteuert gelangt der Winterweizen hier bei Sörup in die Erde.

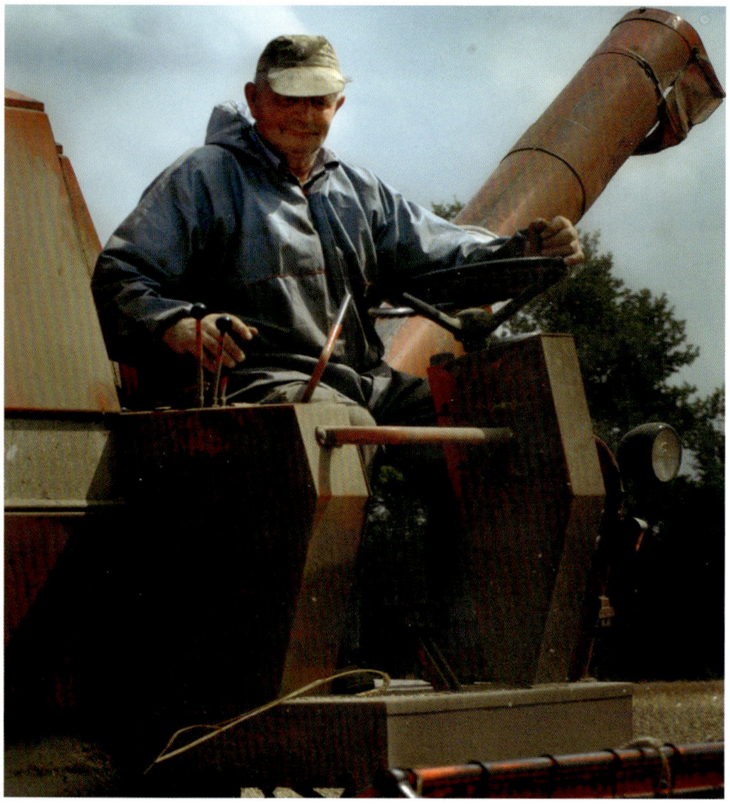

STAUBIGE ANGELEGENHEIT | August 2004
Carsten Gnutzmann aus Molfsee auf seinem Ferguson, treuer Begleiter seit 1965

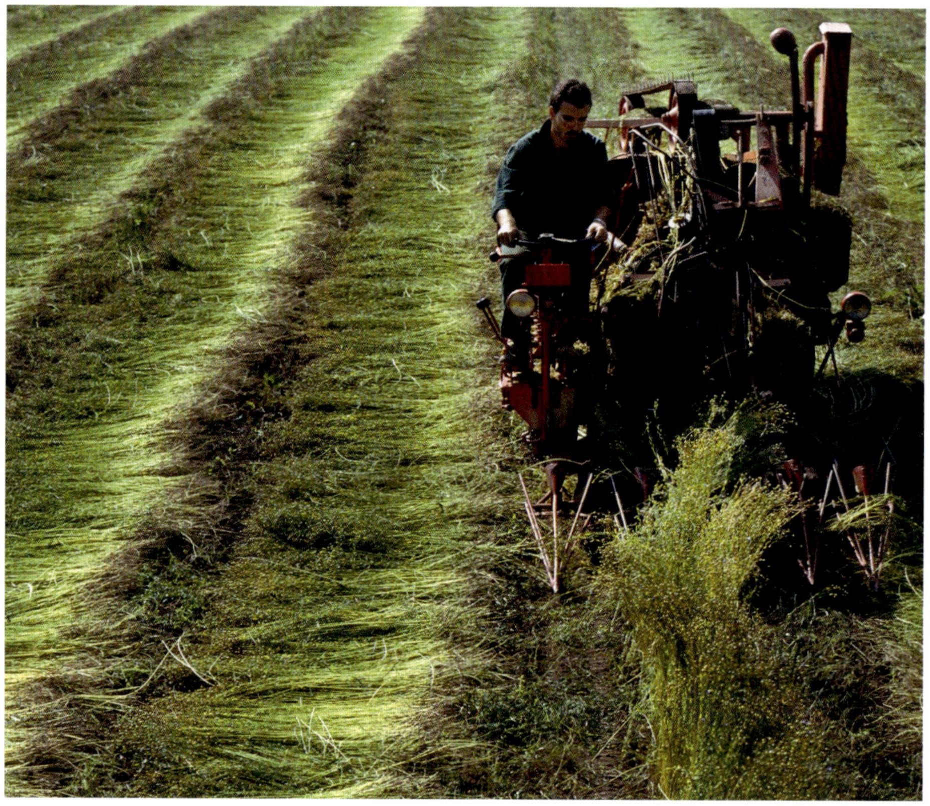

LEINRAUFE | August 1994
Raufen und legen: Flachsernte in Altengörs bei Bad Segeberg

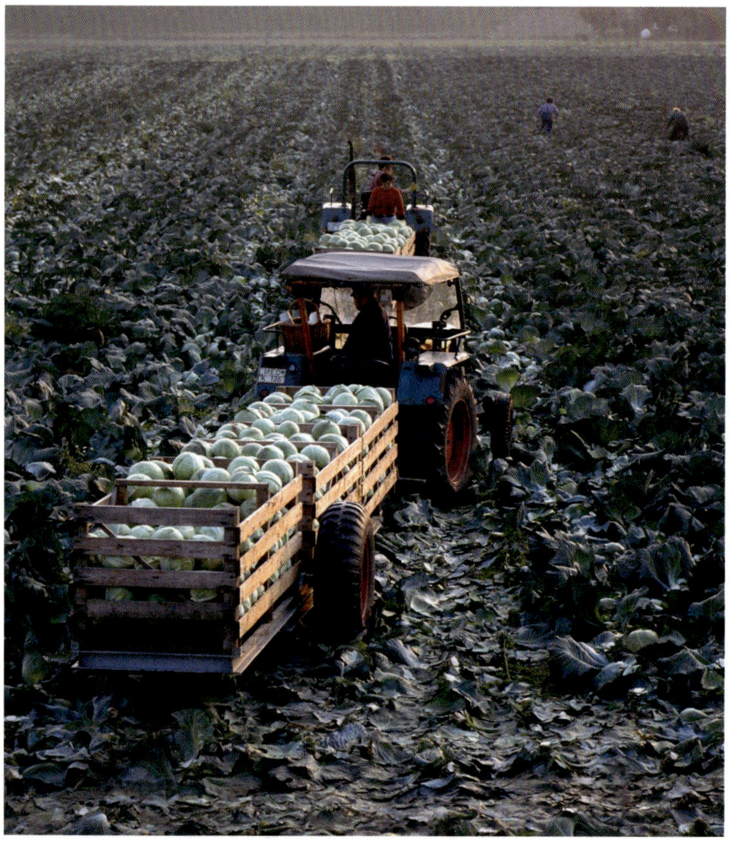

EINE RUNDE SACHE | November 1984
Kohlernte bei Friedrichskoog

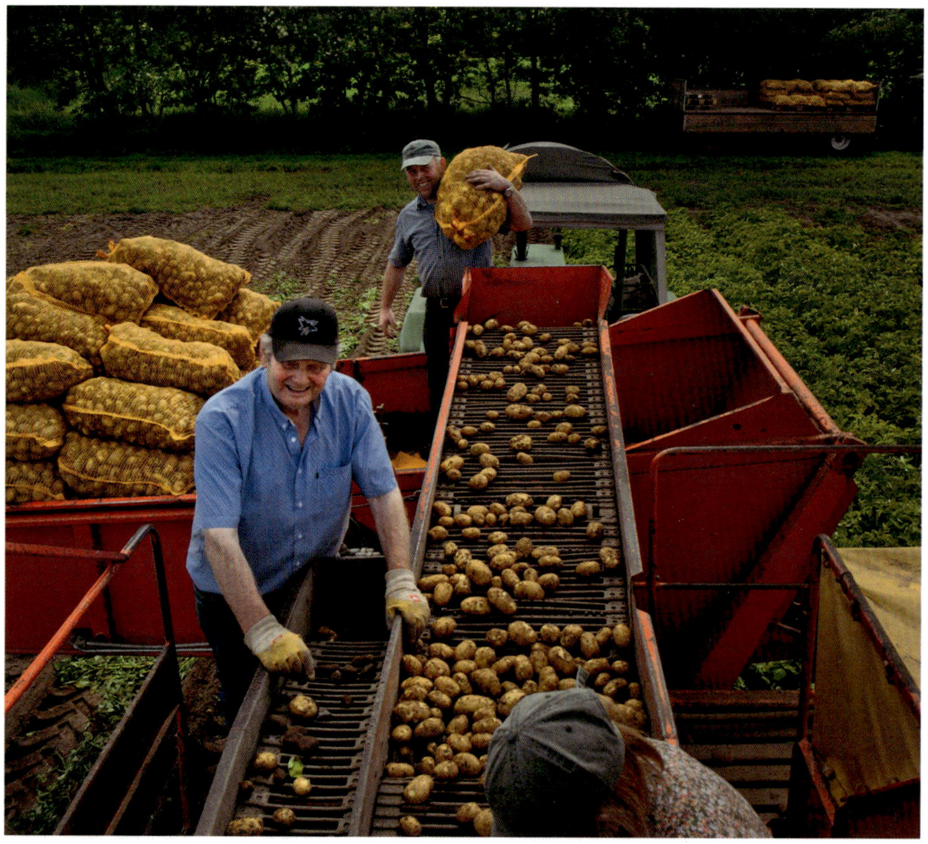

FAMILIENSACHE | Juli 2012
Familie Eggers in Winseldorf bei der Frühkartoffelernte

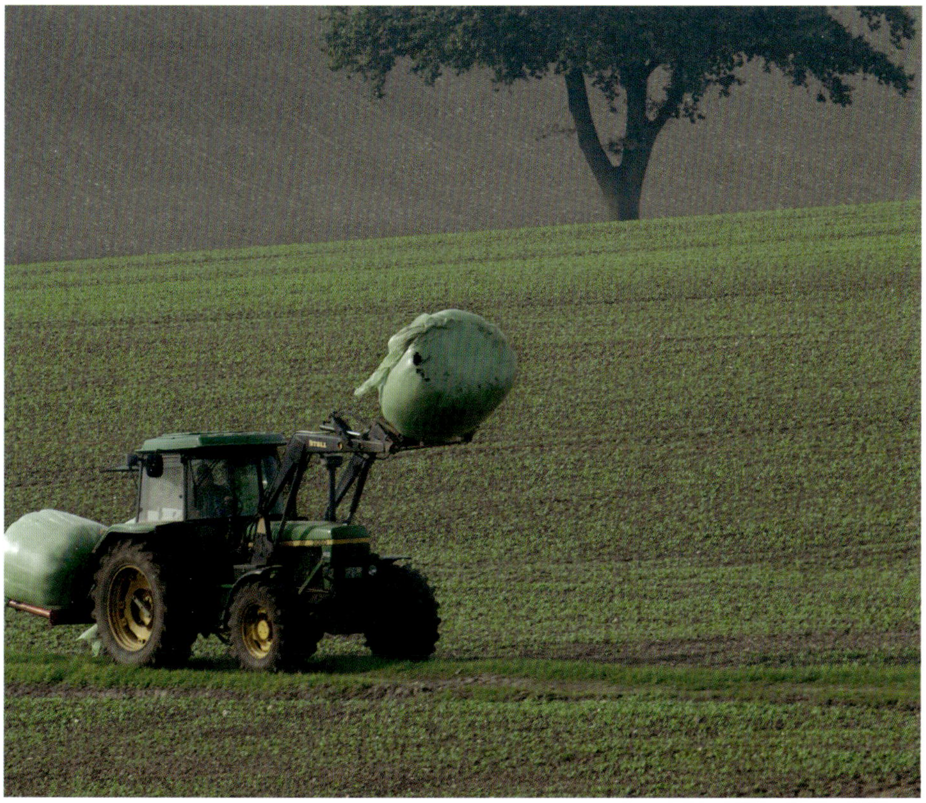

HEIMFAHRT | Oktober 2007
Bujendorf bei Eutin

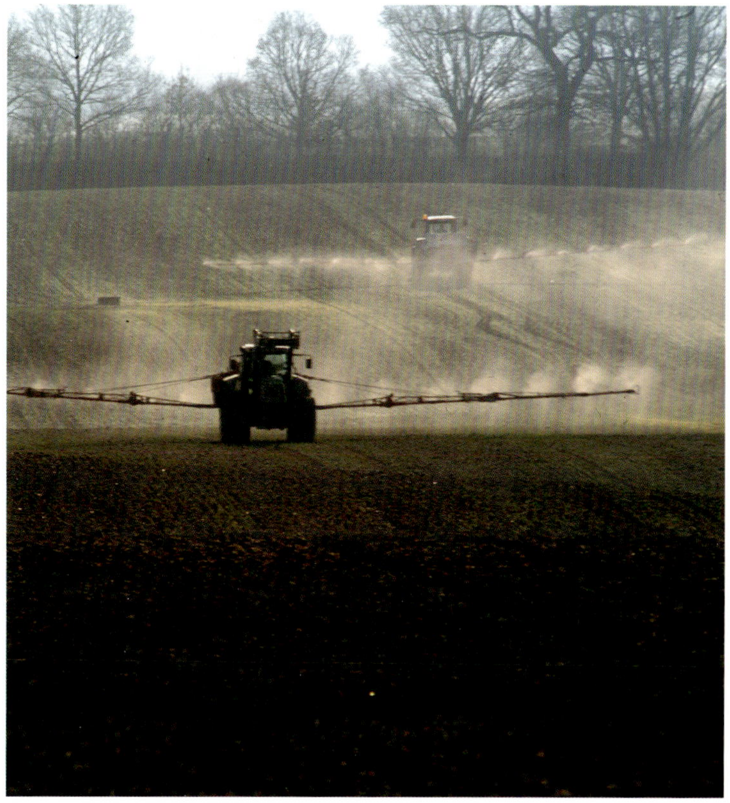

GROSSE SPANNWEITE | Februar 2003
Frühjahrsdüngung auf Hof Siek bei Groß Buchwald

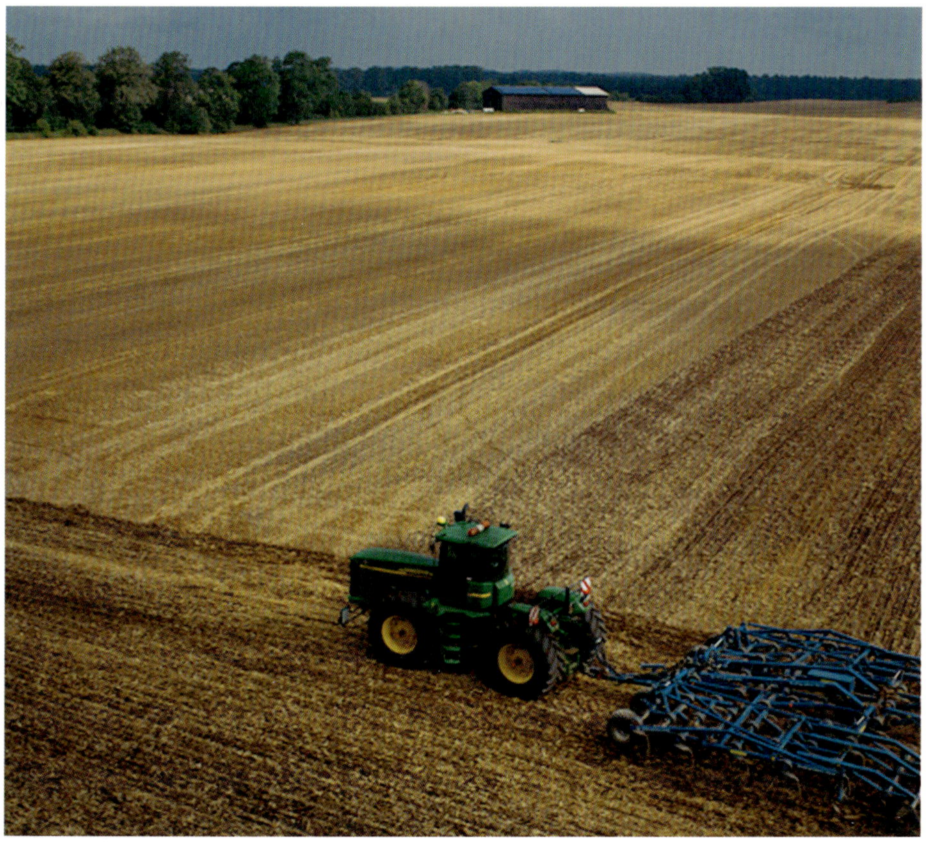

GIGANT | August 2011
Extrarunde für den Fotografen – ein PS-starker Knicklenker
auf Gut Osterrade bei Sehestedt

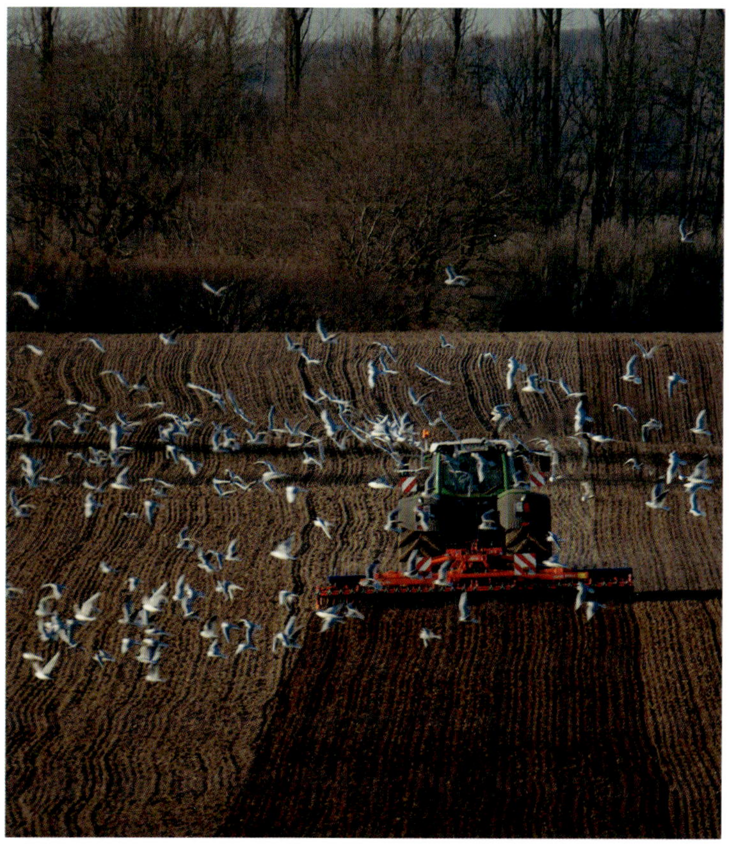

KRÜMELMONSTER | März 2011
Saatbeetvorbereitung in Kluvensiek am Alten Eiderkanal

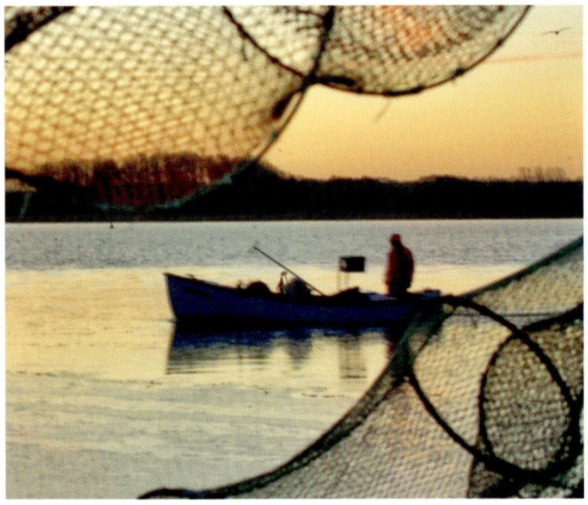

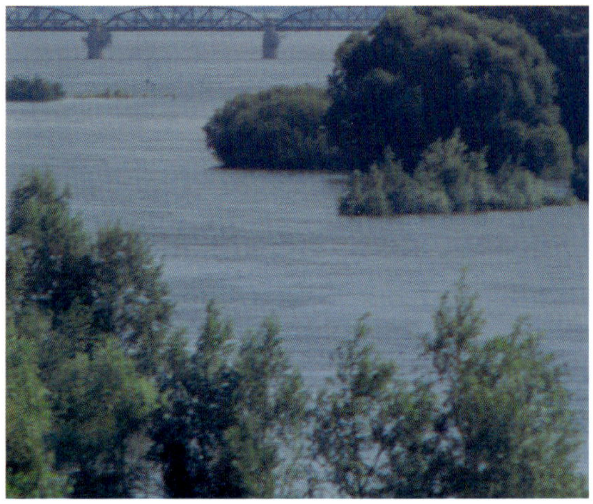
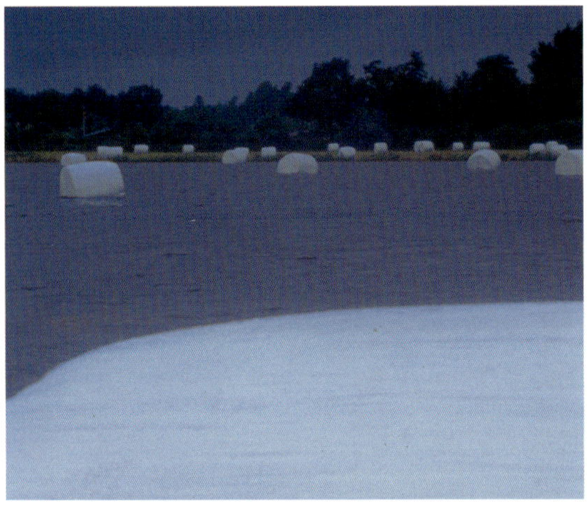
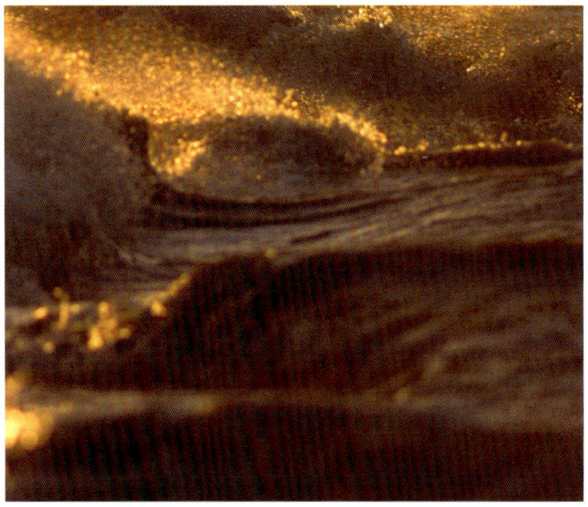
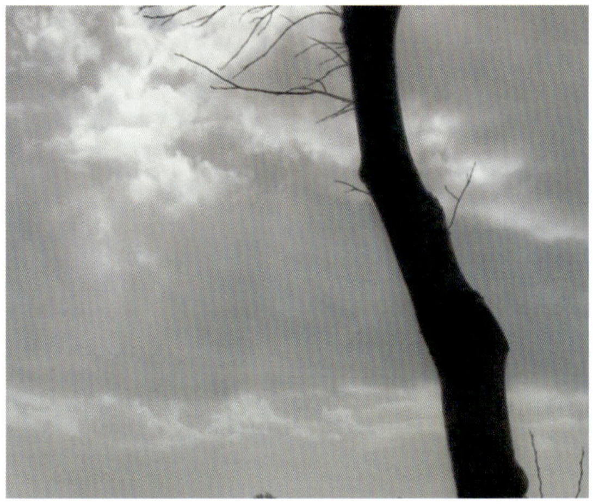
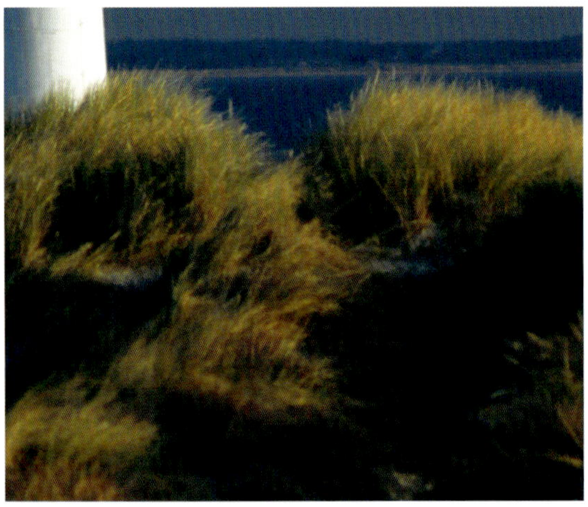
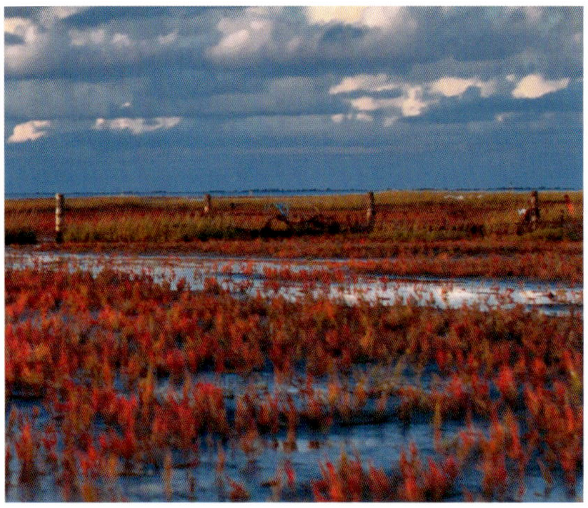

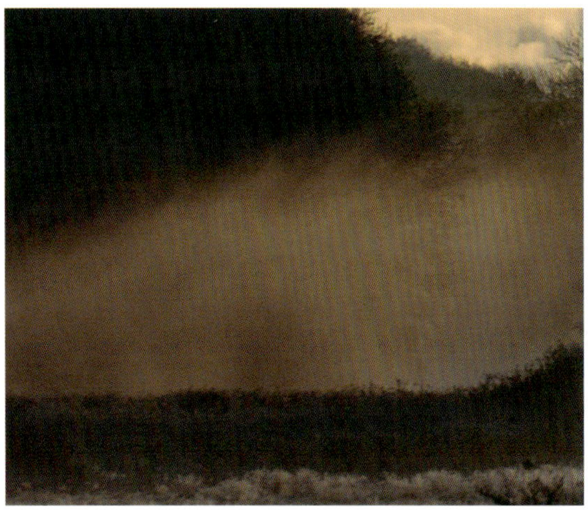
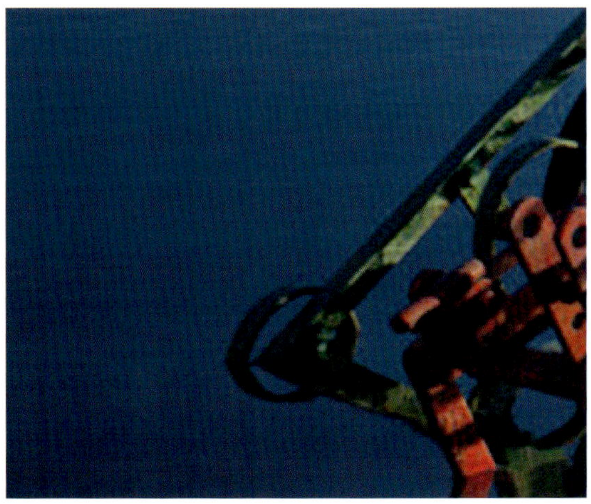

IV

WASSER, WIND UND WOLKEN

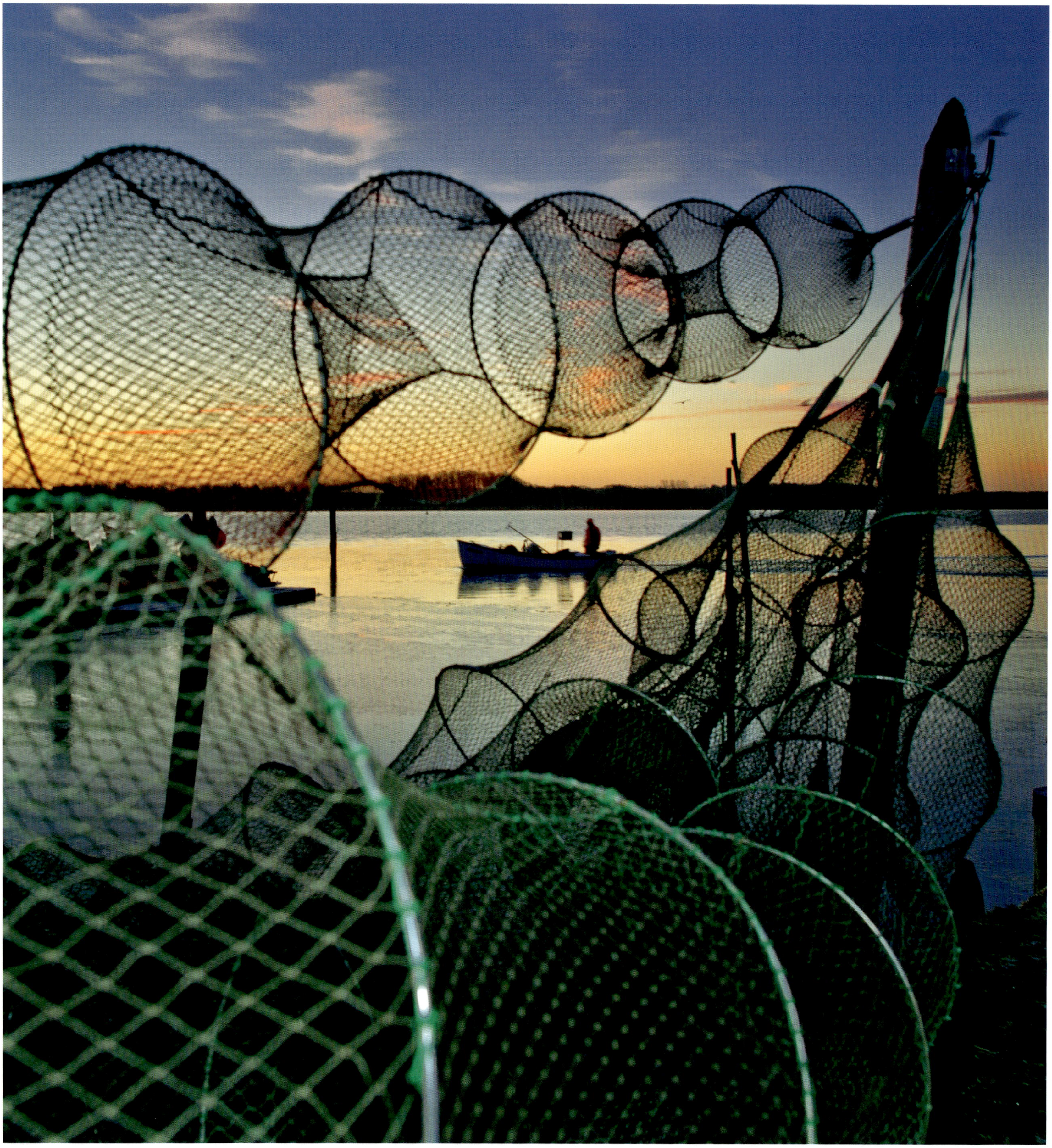

KLIRRENDER FROST
Januar 2013

Schon vor Sonnenaufgang hat der Fischer auf der Schlei seine Netze kontrolliert und ist jetzt auf der Heimfahrt.

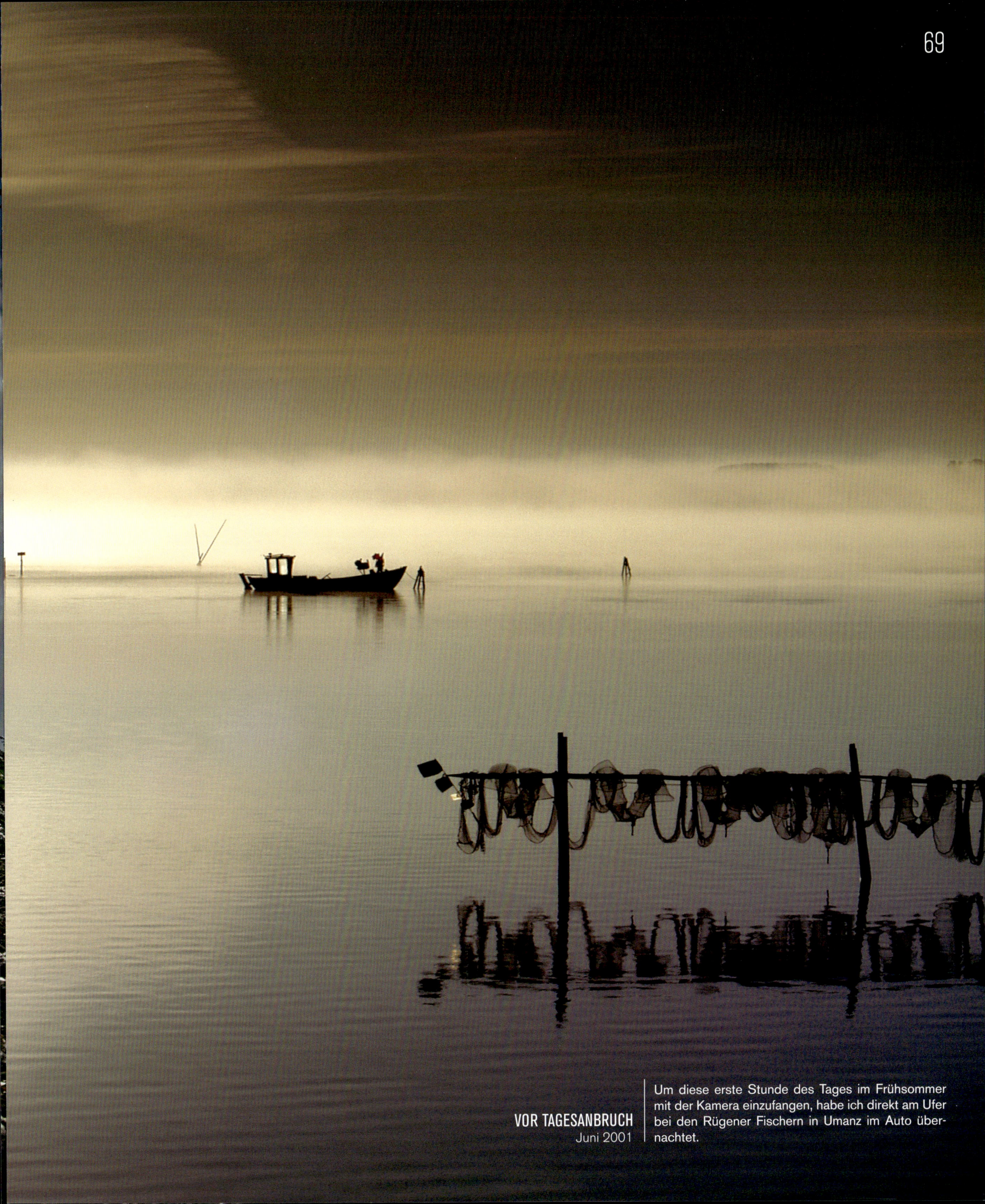

VOR TAGESANBRUCH
Juni 2001

Um diese erste Stunde des Tages im Frühsommer mit der Kamera einzufangen, habe ich direkt am Ufer bei den Rügener Fischern in Umanz im Auto übernachtet.

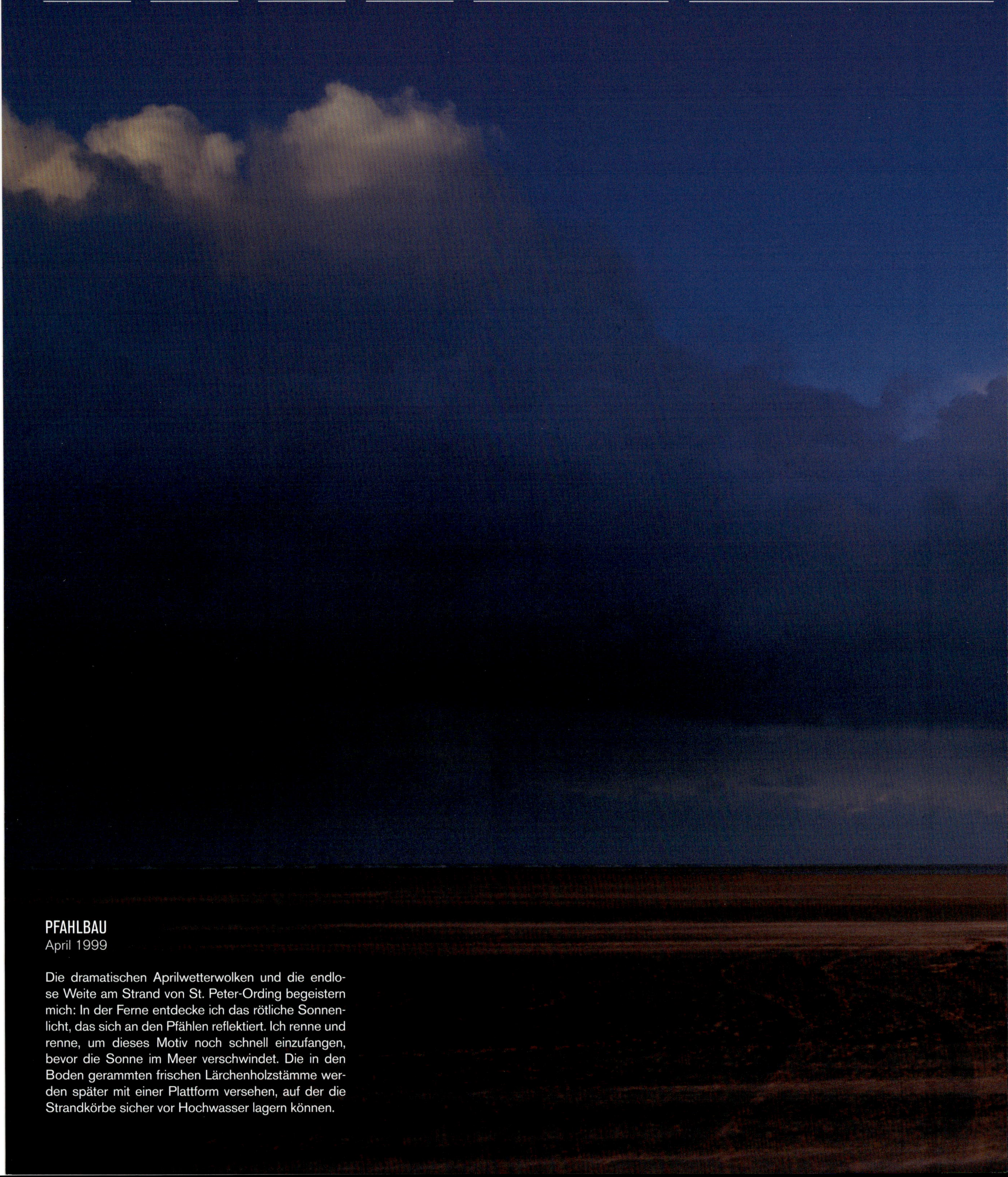

PFAHLBAU
April 1999

Die dramatischen Aprilwetterwolken und die endlose Weite am Strand von St. Peter-Ording begeistern mich: In der Ferne entdecke ich das rötliche Sonnenlicht, das sich an den Pfählen reflektiert. Ich renne und renne, um dieses Motiv noch schnell einzufangen, bevor die Sonne im Meer verschwindet. Die in den Boden gerammten frischen Lärchenholzstämme werden später mit einer Plattform versehen, auf der die Strandkörbe sicher vor Hochwasser lagern können.

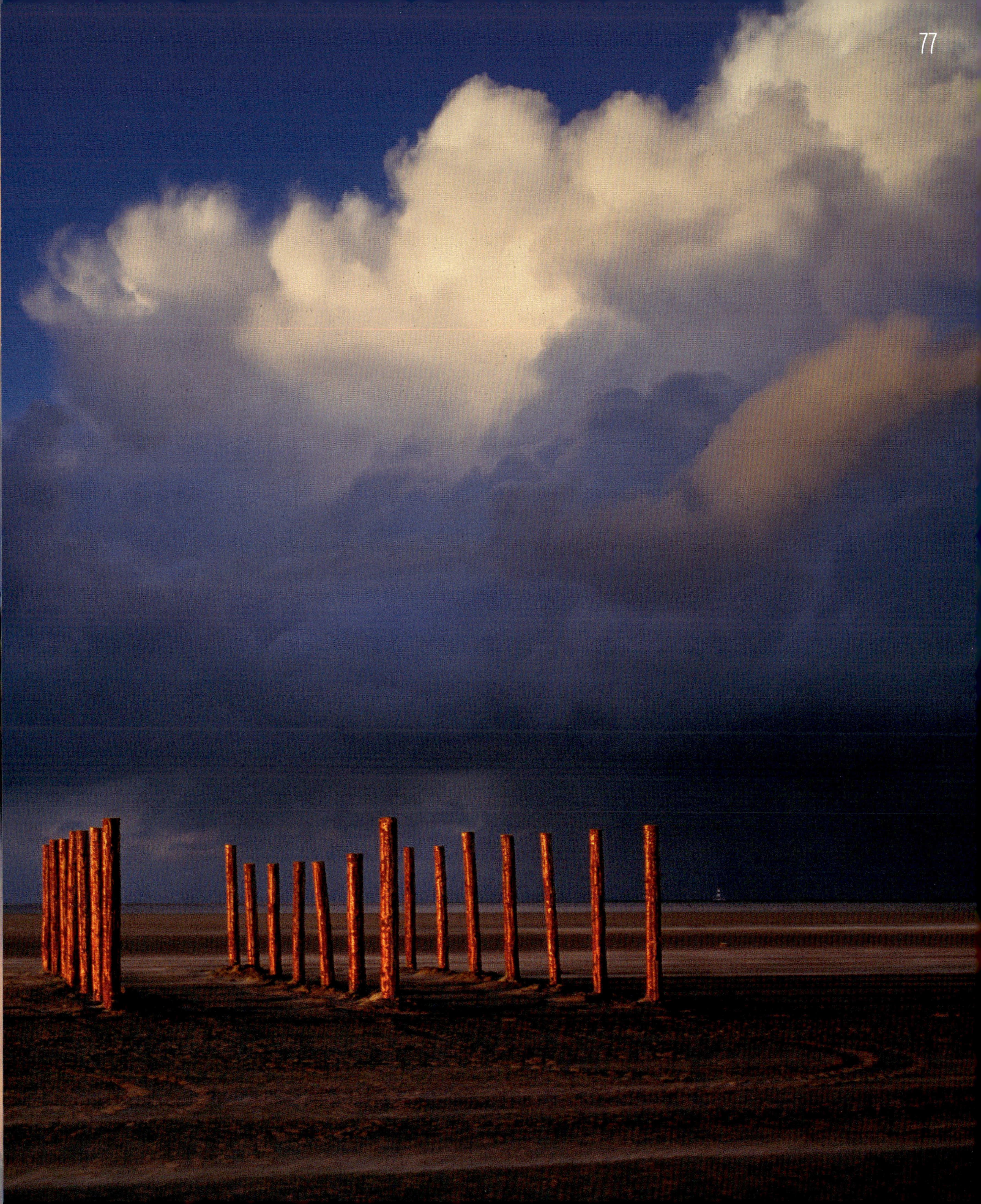

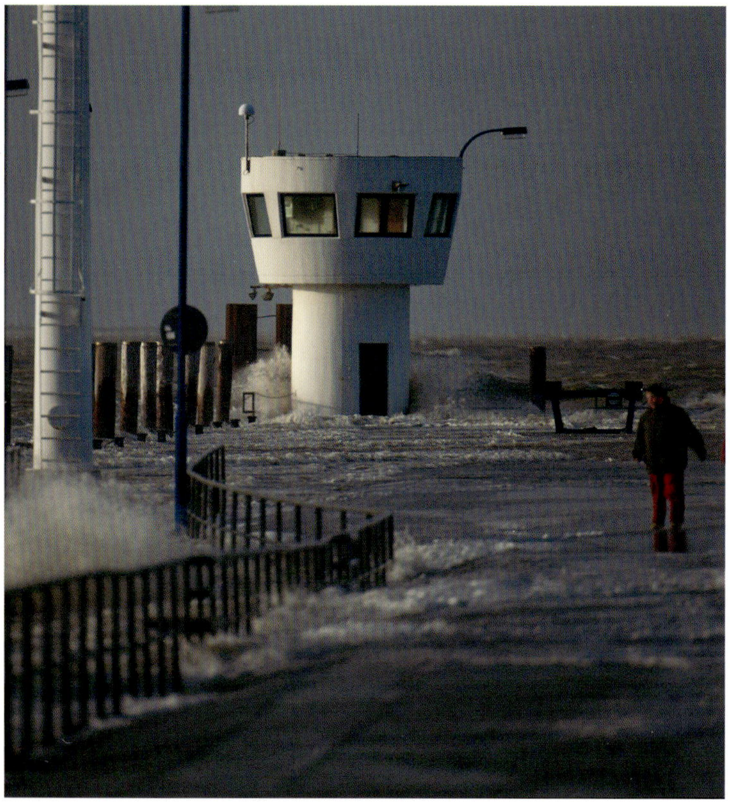

PEGELSTAND | Dezember 2011
Sturmflut auf der Mole in Dagebüll

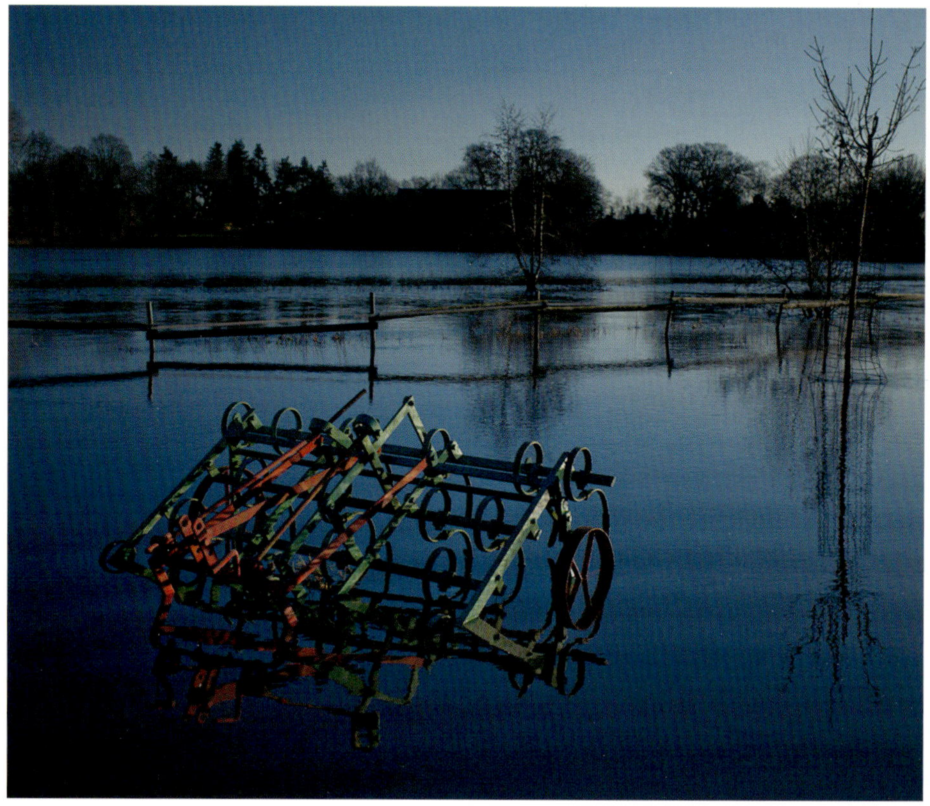

TAUWETTER | Januar 2012
Überflutete Wiesen an der Stör in Willenscharen

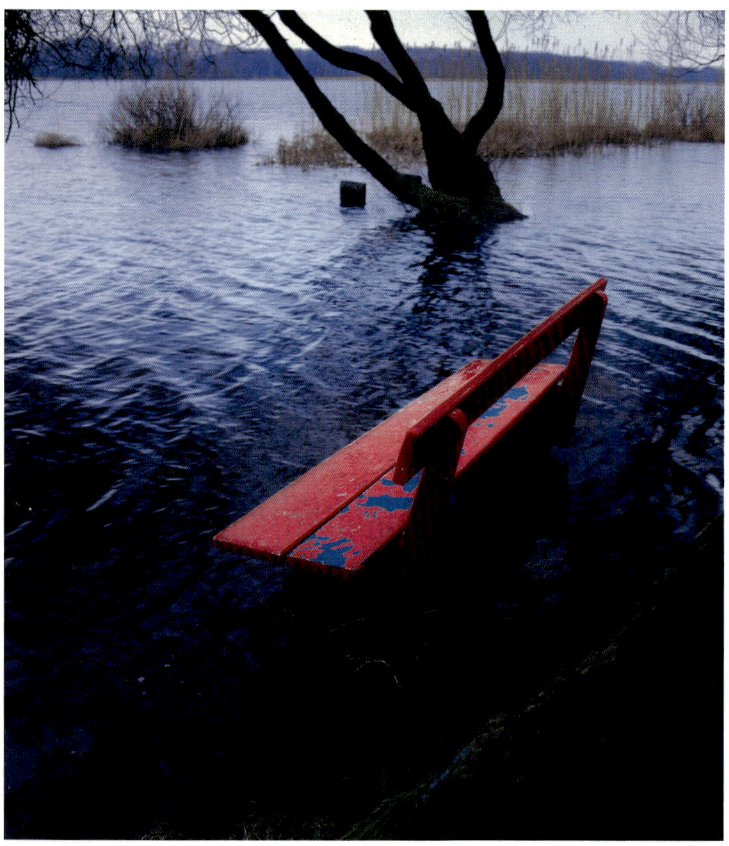

WASSERSTAND | Februar 1988
Hochwasser am Ufer des Einfelder Sees

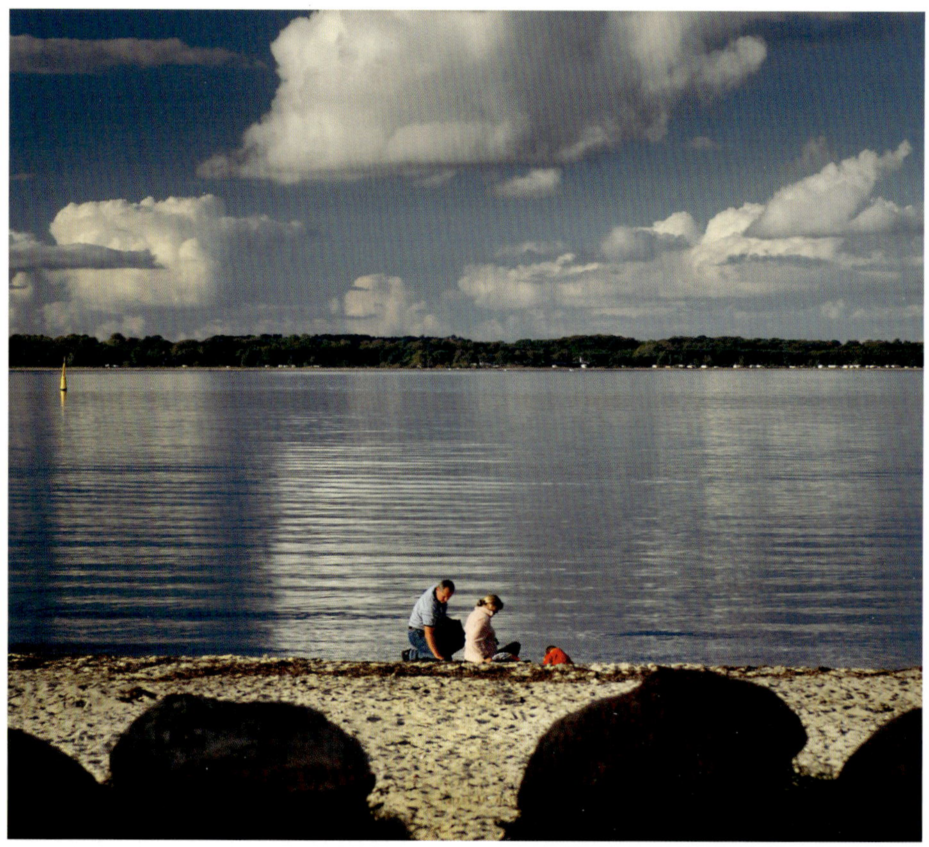

SPIEGELGLATT | Oktober 2005
Ein Spätherbstabend in Aschau an der Eckernförder Bucht

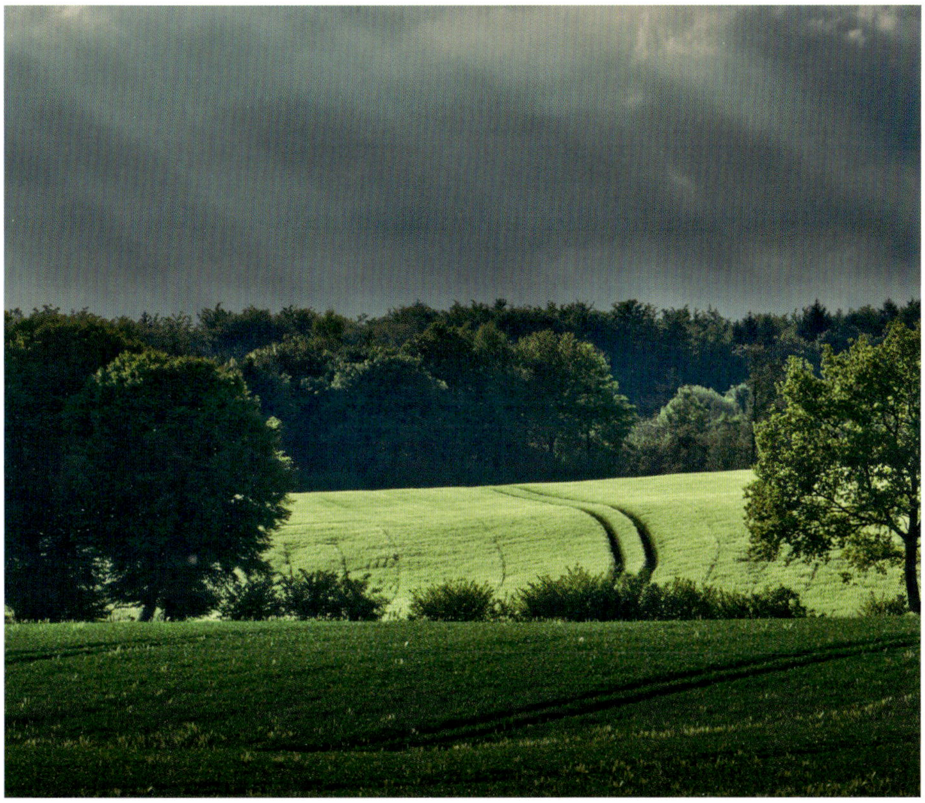

SOMMERABEND | Juni 2013
Ein Wolken- und Lichtspiel über der jungen Wintergerste in Schönhagen

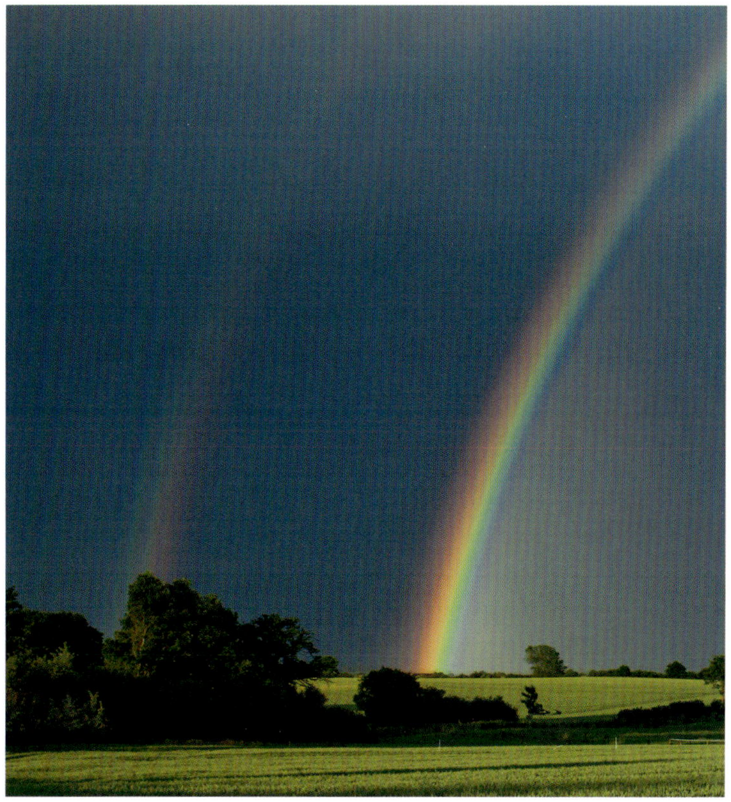

FARBIG | Juli 2012
Das Licht über den Weizenfeldern bei Bredenbek nach dem Regen

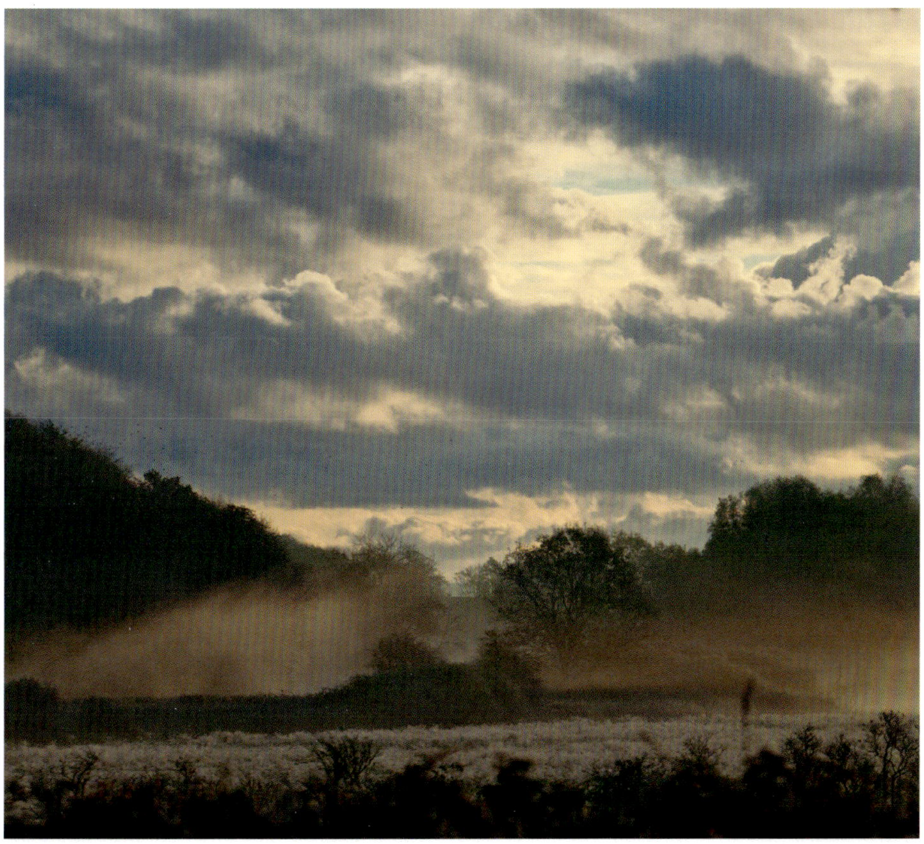

DRAMATURGIE | Oktober 2012
Ein besonderer Wolkenhimmel über dem Alten Eiderkanal bei Kluvensiek

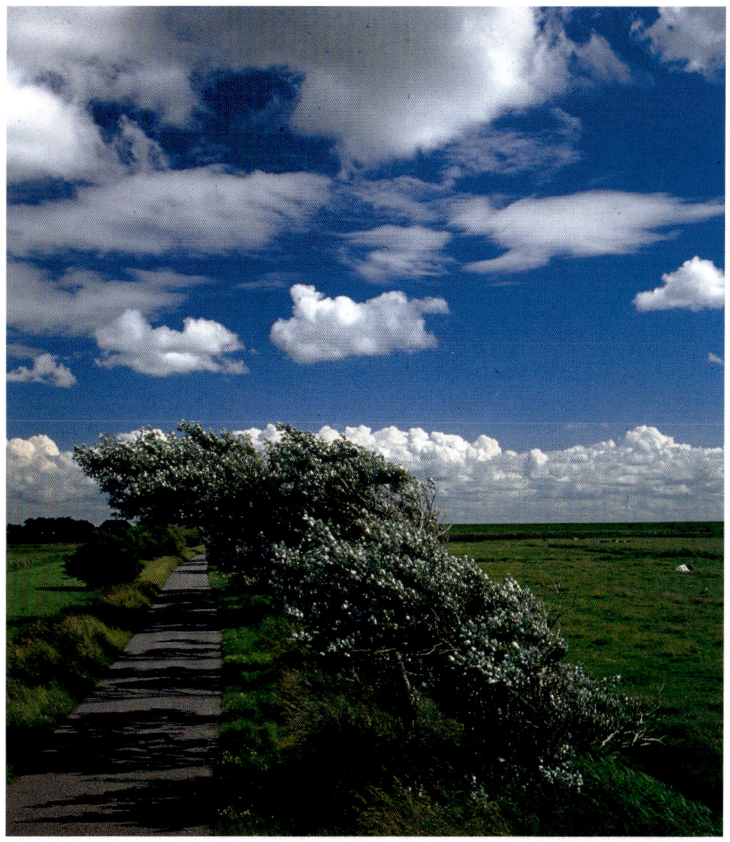

WINDSCHUR | Juli 1986
Windgeformte Silberpappeln in der Hattstedter Marsch

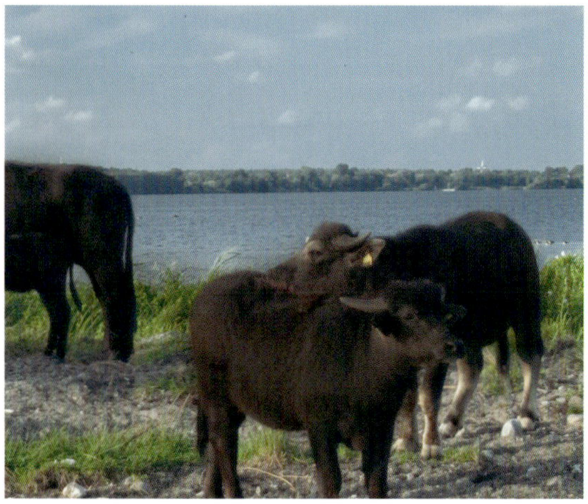
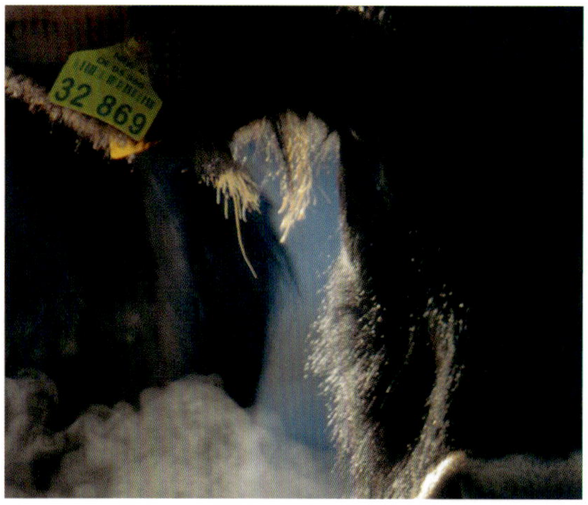
32 869
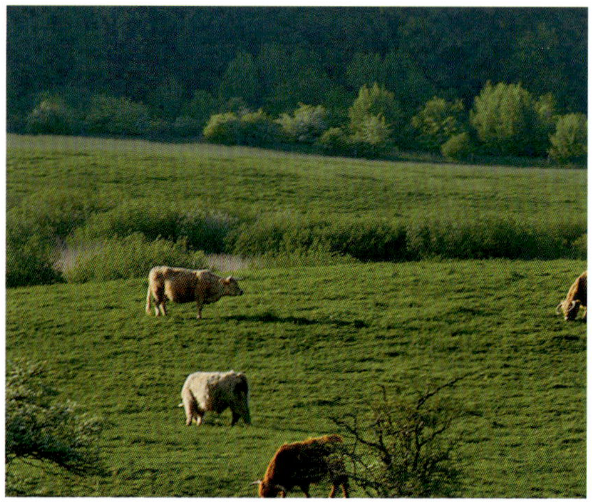
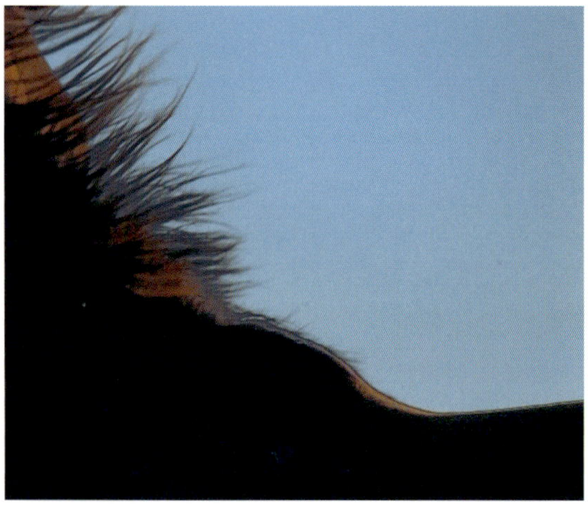
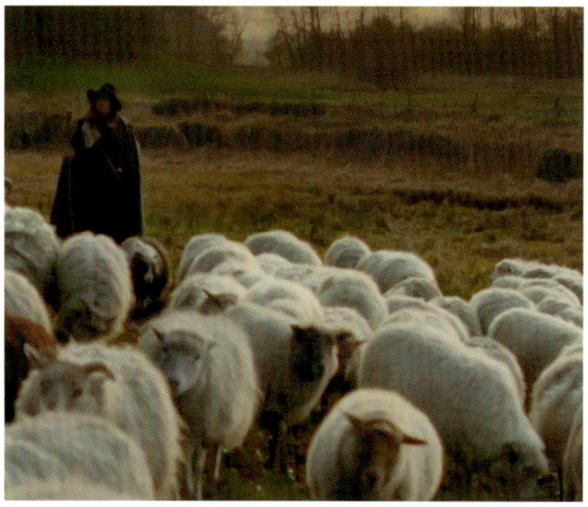
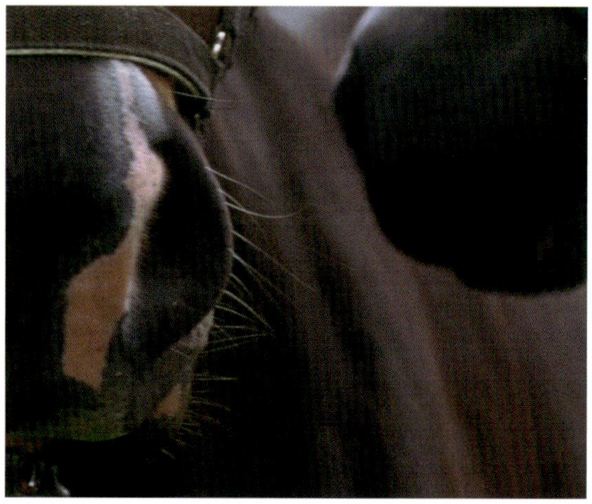
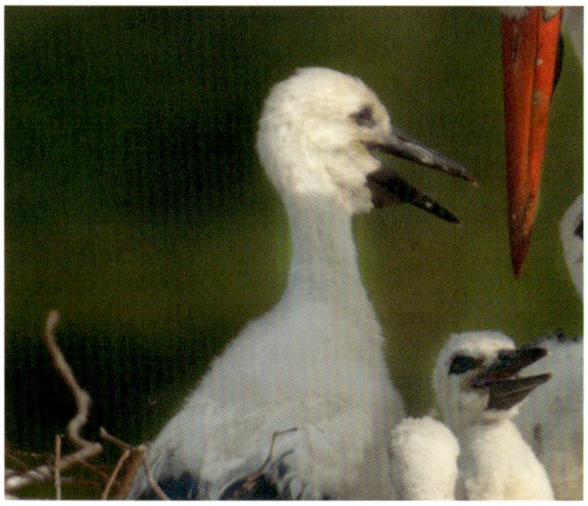
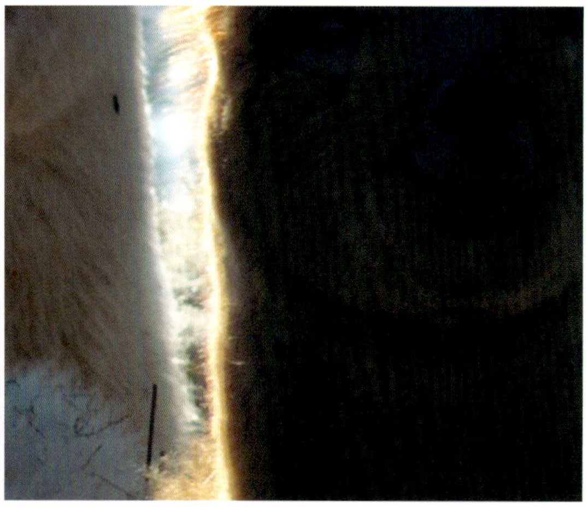
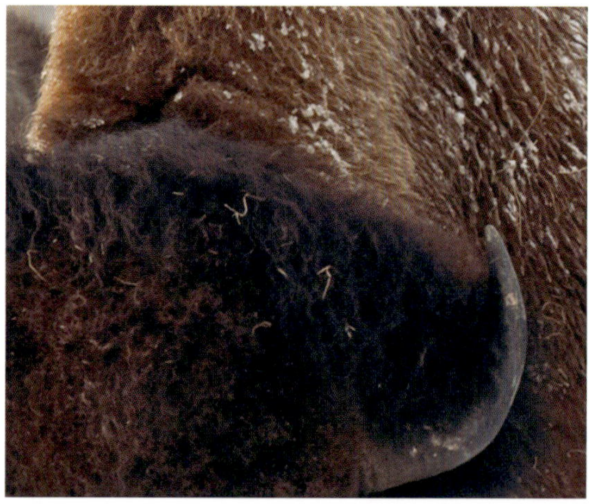
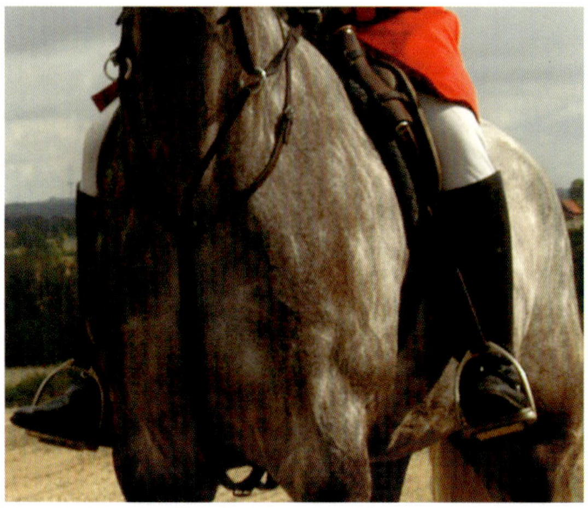
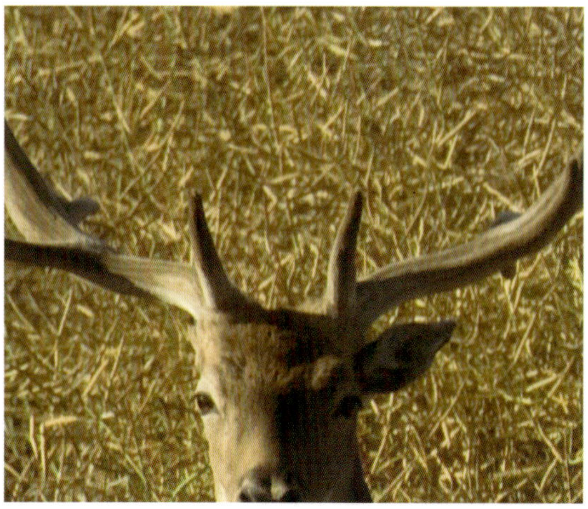
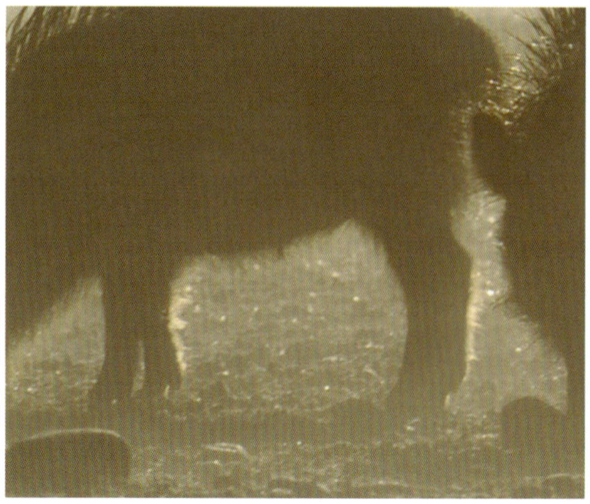

V

FELLE, FEDERN
UND PFOTEN

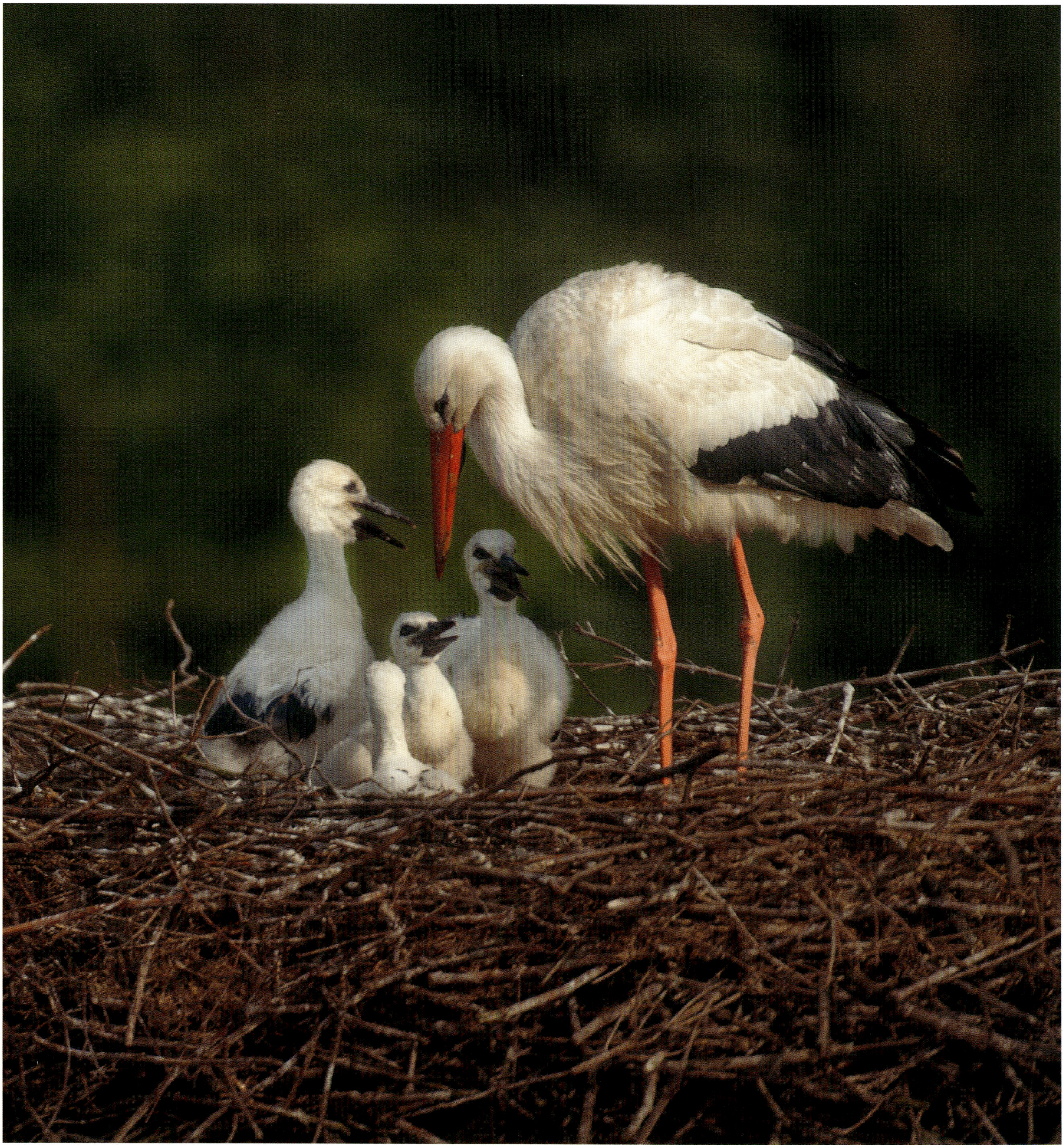

HOCH OBEN
Mai 2012

Wie bekommt man Einblick ins Storchennest auf dem Schornstein der alten Tabak-Trocknungsanlage in Nusse? Die Antwort findet sich mithilfe der Gärtnerfamilie Stange. Sie öffnet den Zugang zum Dach ihres Hauses dort, wo sonst nur der Schornsteinfeger Zutritt hat.

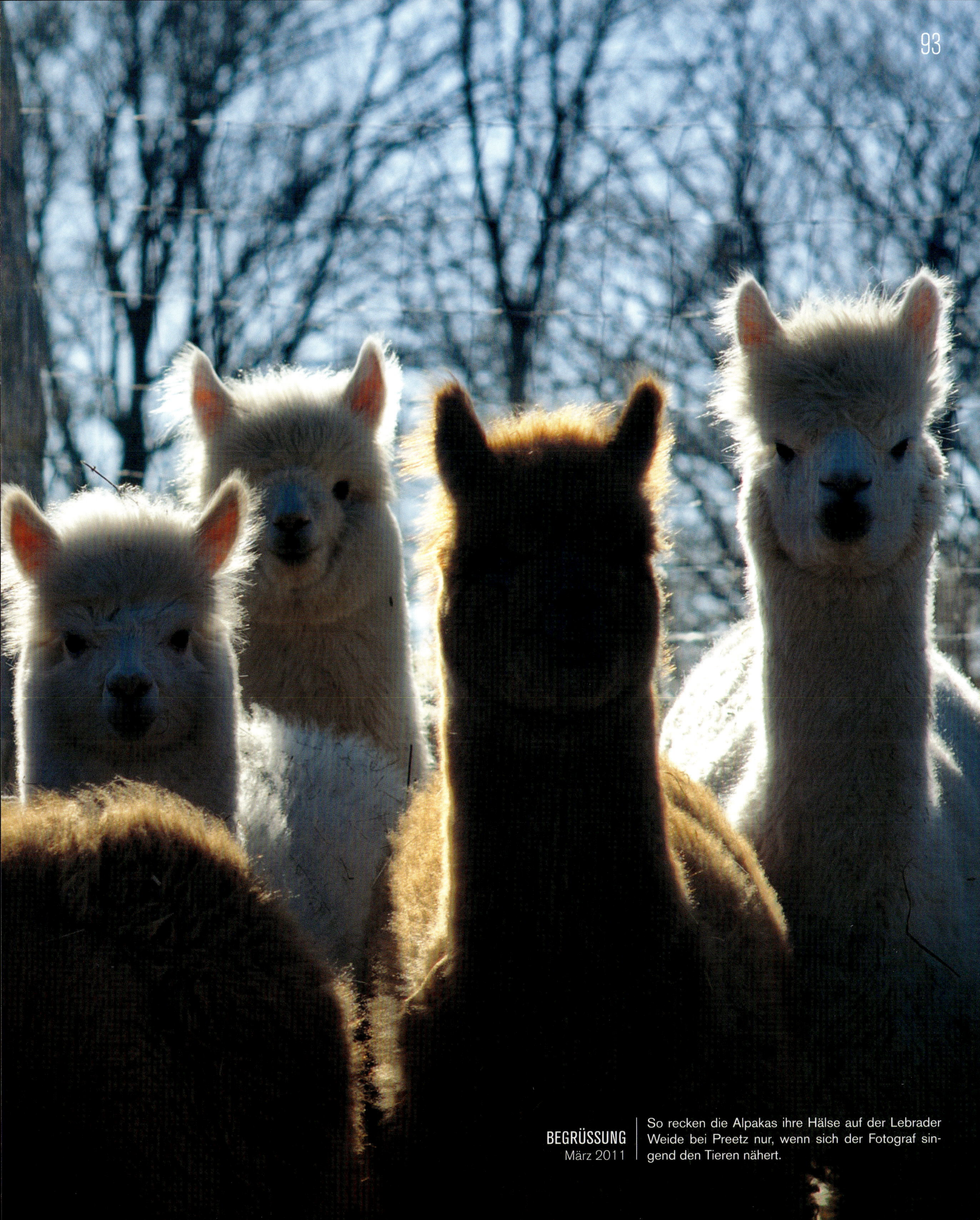

BEGRÜSSUNG
März 2011

So recken die Alpakas ihre Hälse auf der Lebrader Weide bei Preetz nur, wenn sich der Fotograf singend den Tieren nähert.

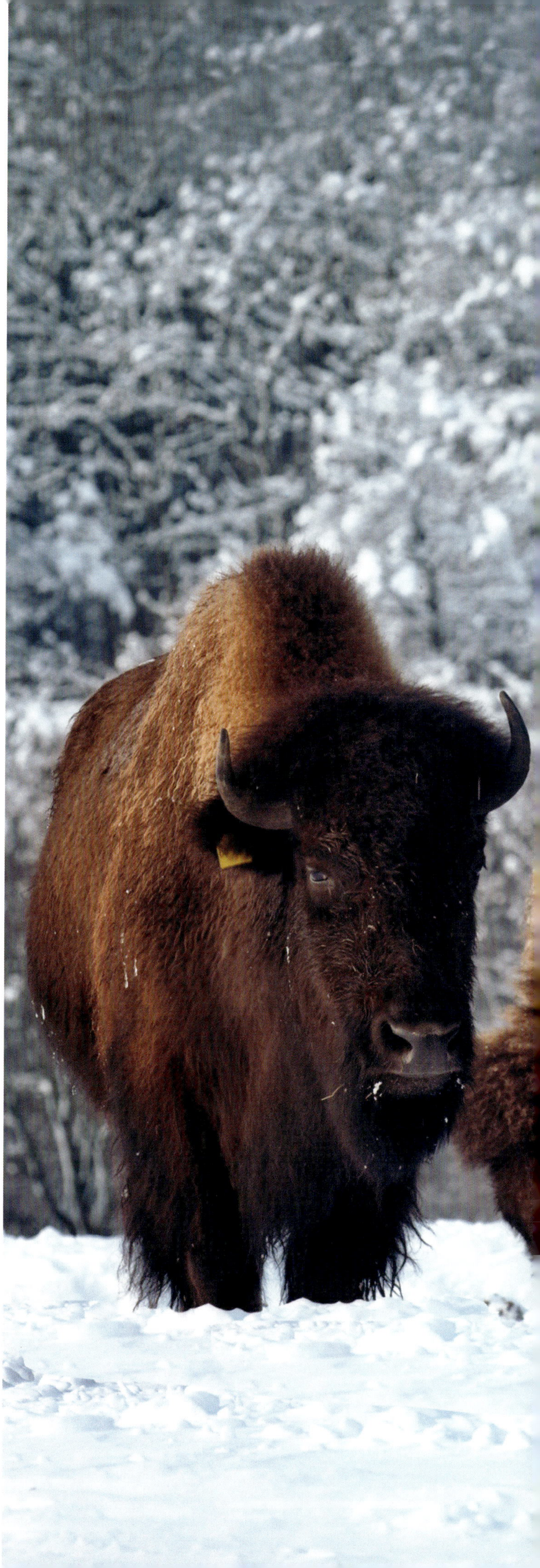

AUG IN AUGE
Januar 2010

Nach einer Stunde Weges durch hohe Schneewehen hinunter zum Winderatter See nehmen die Bisons von mir Notiz. Allmählich kommt Bewegung in die Herde. Wir nähern uns einander – langsam und mit äußerster Vorsicht. Liegend im Schnee, aus etwa 20 m Entfernung, gelingt mir dieses Foto. Dabei kratze ich den Schnee beiseite, damit die Kamera noch tiefer positioniert werden kann, um die Wuchtigkeit des Leitbullen zu unterstreichen. Vorsichtig und äußerst respektvoll gegenüber diesem Giganten bewege ich mich langsam rückwärts. Erst hinter dem trennenden Zaun atme ich auf.

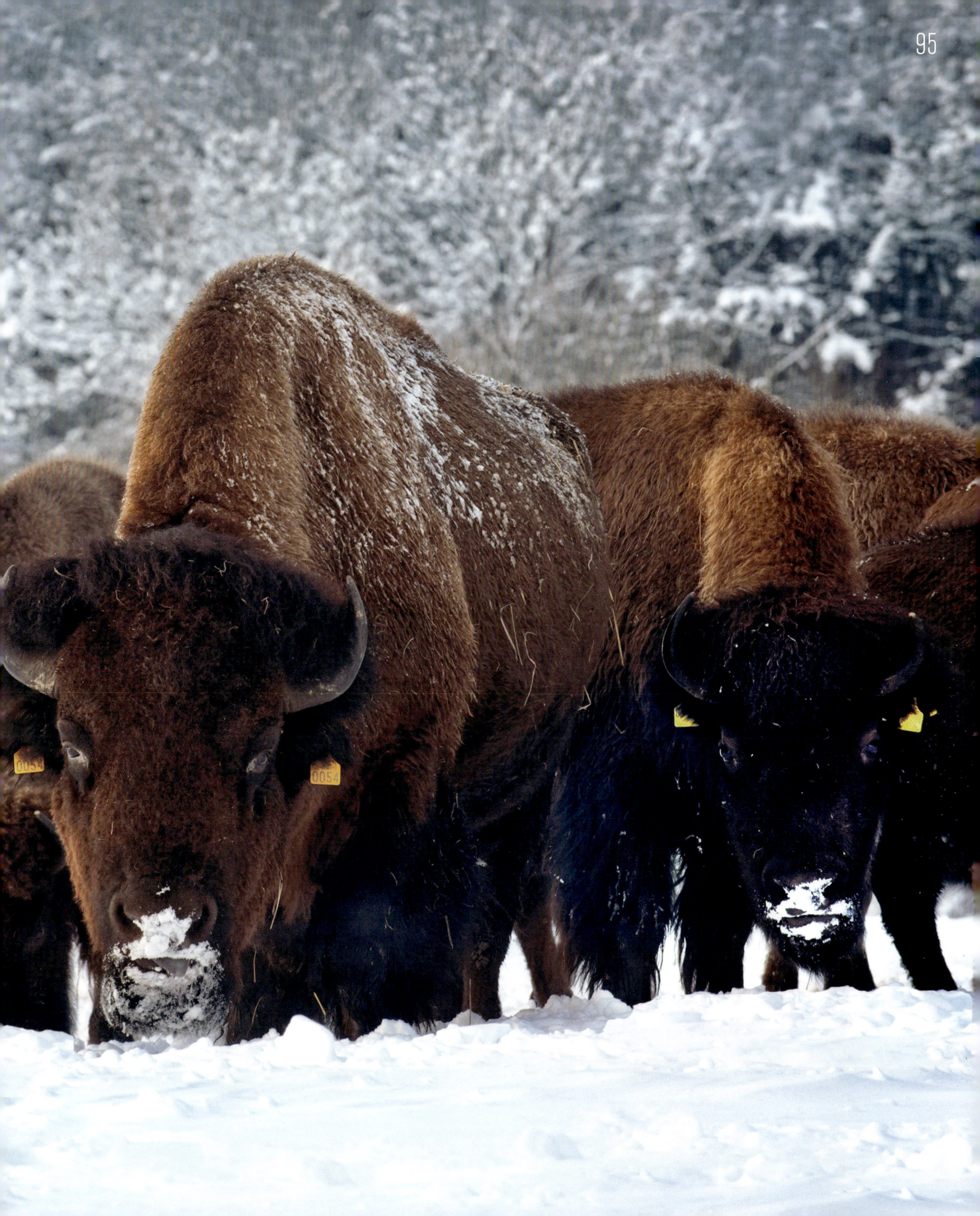

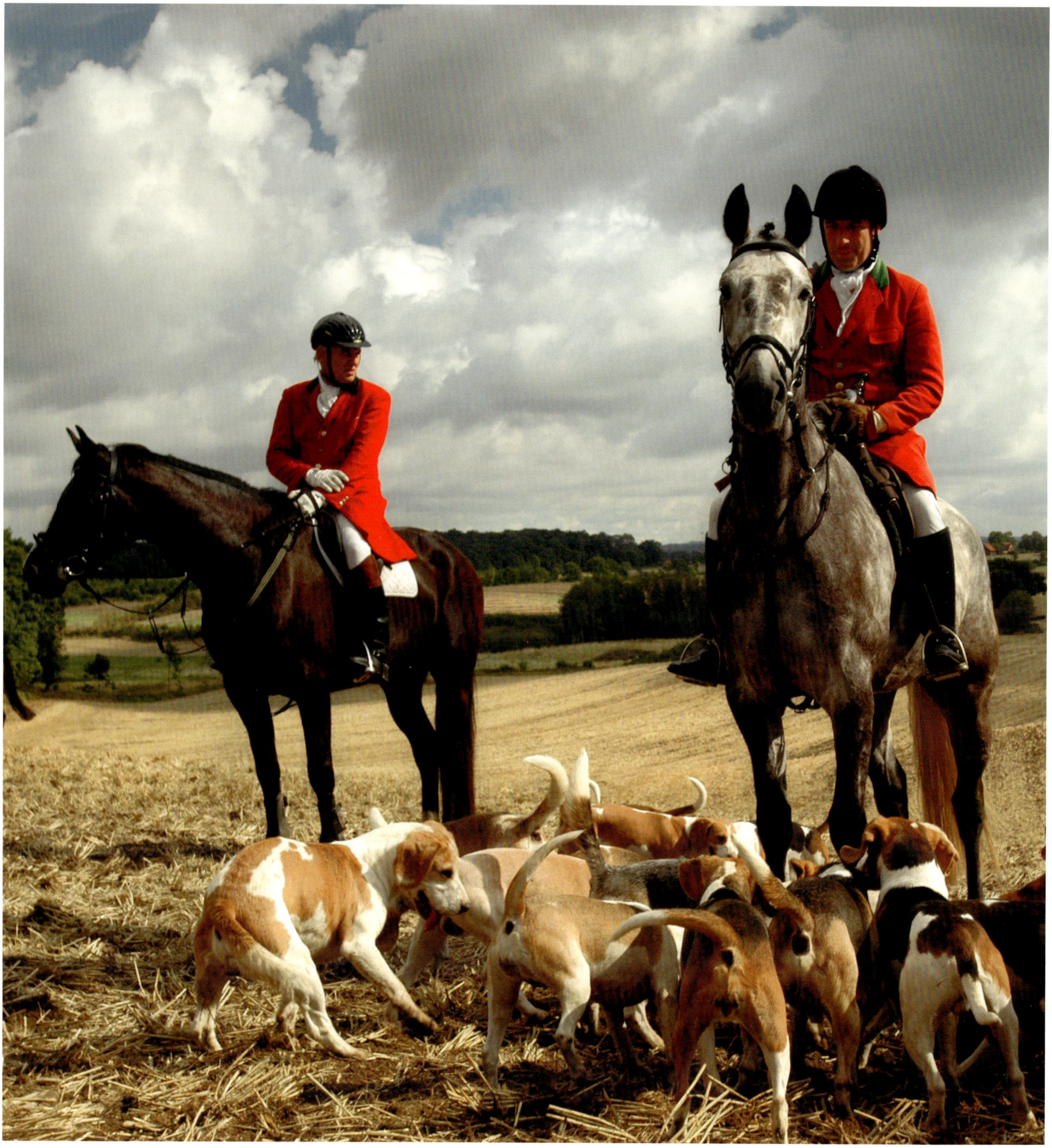

NACH DER ERNTE
Oktober 1990

Herbstzeit ist Jagdzeit auf den Fuchs über die Stoppelfelder bei Eutin.

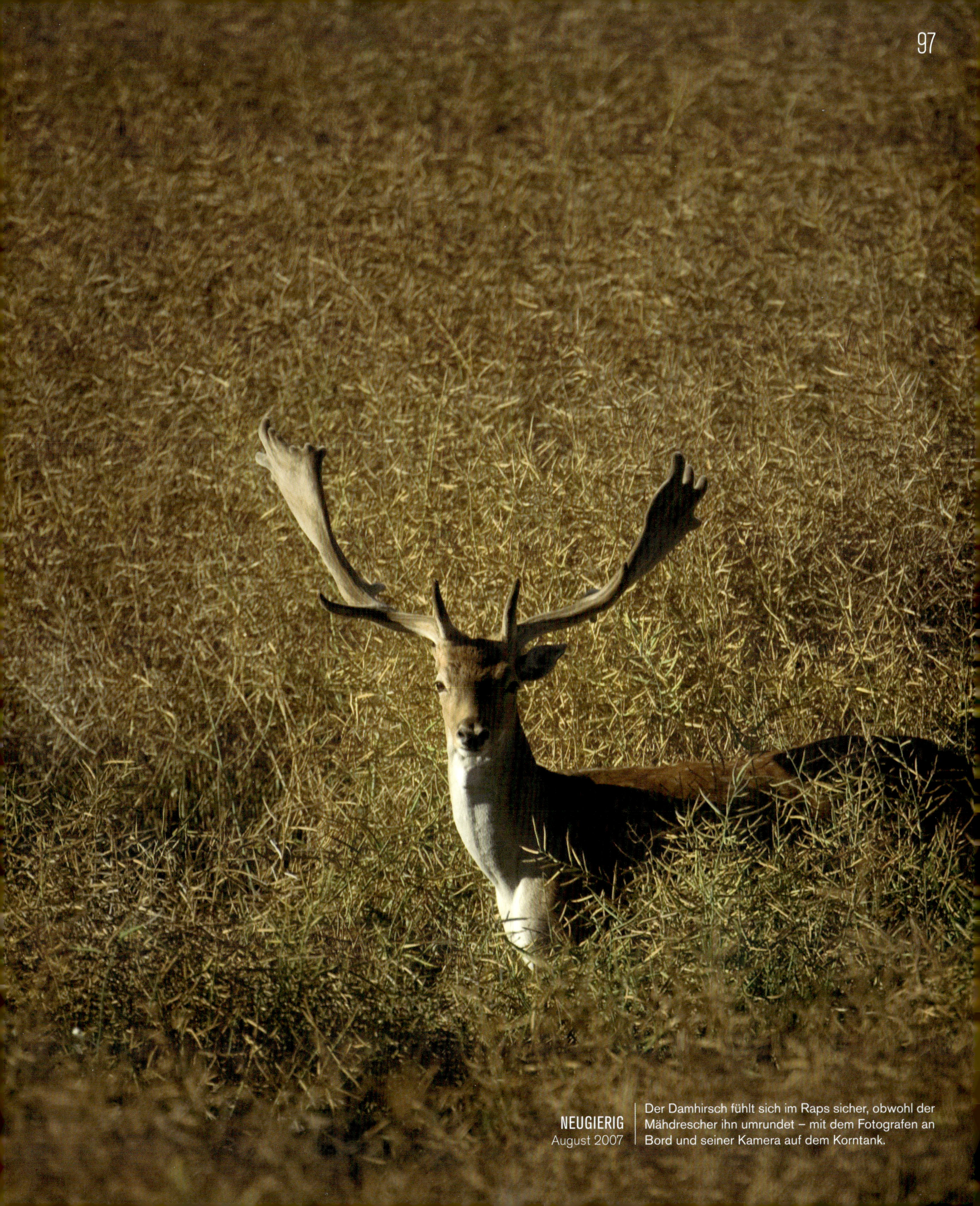

NEUGIERIG
August 2007

Der Damhirsch fühlt sich im Raps sicher, obwohl der Mähdrescher ihn umrundet – mit dem Fotografen an Bord und seiner Kamera auf dem Korntank.

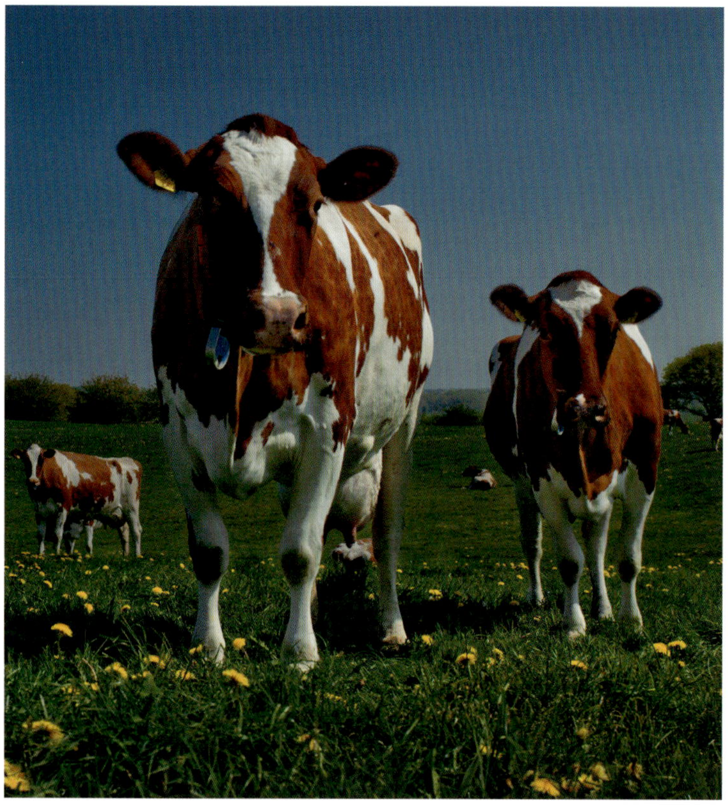

MAIWEIDE | Mai 2012
Erste Weidetage bei Familie Froboes in Lehmsiek

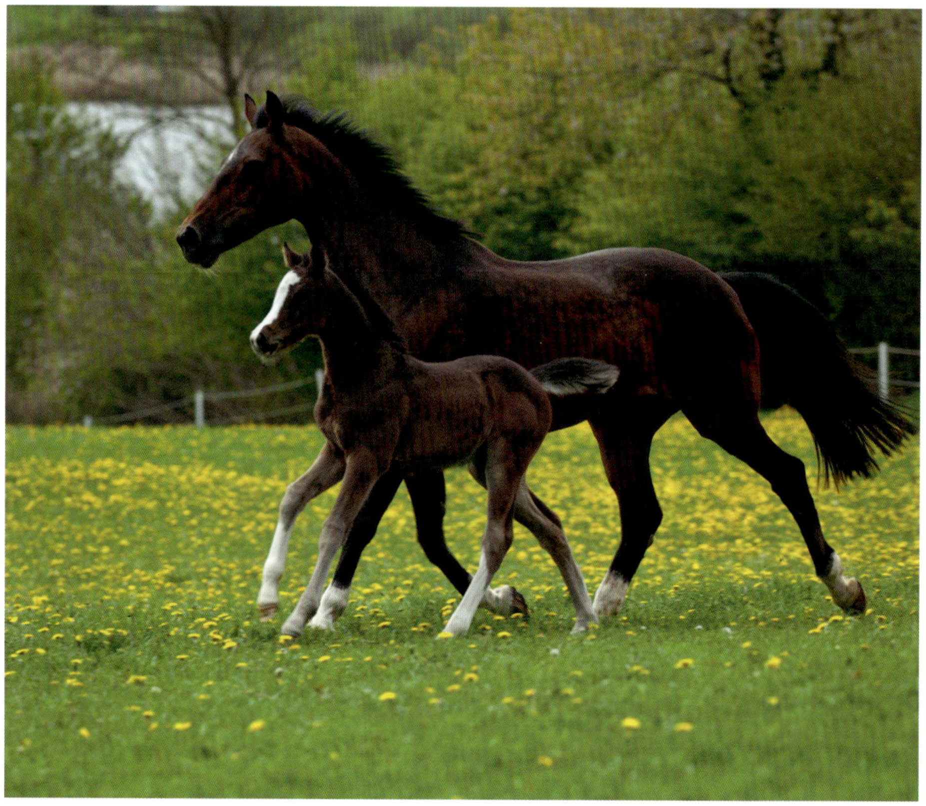

AUF TRAB | Mai 2012
Holsteiner in Kasseedorf

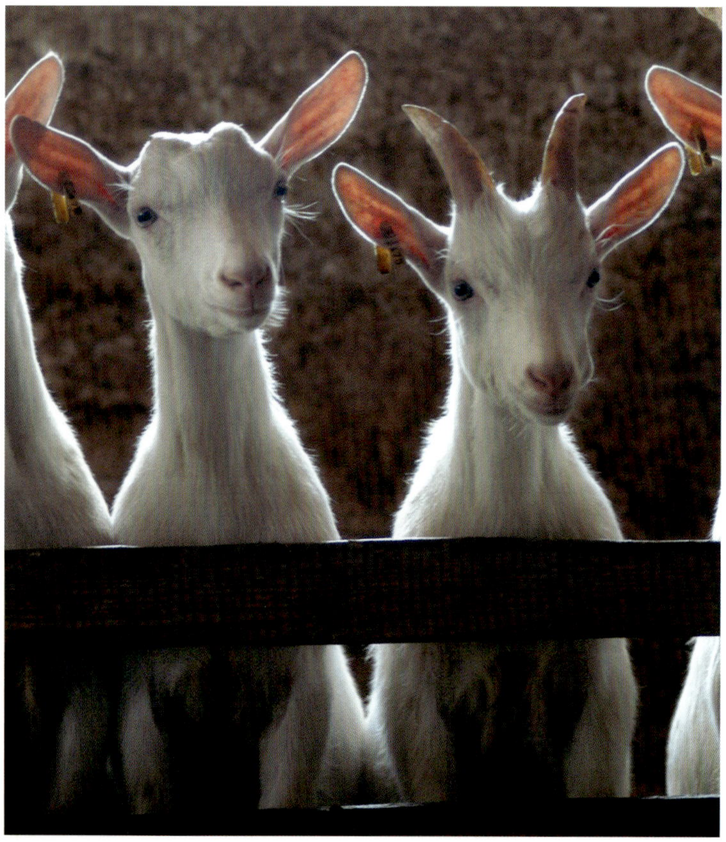

ÜBERRASCHT | Mai 2003
Auf dem Ziegenhof bei Familie Rehder in Boksee

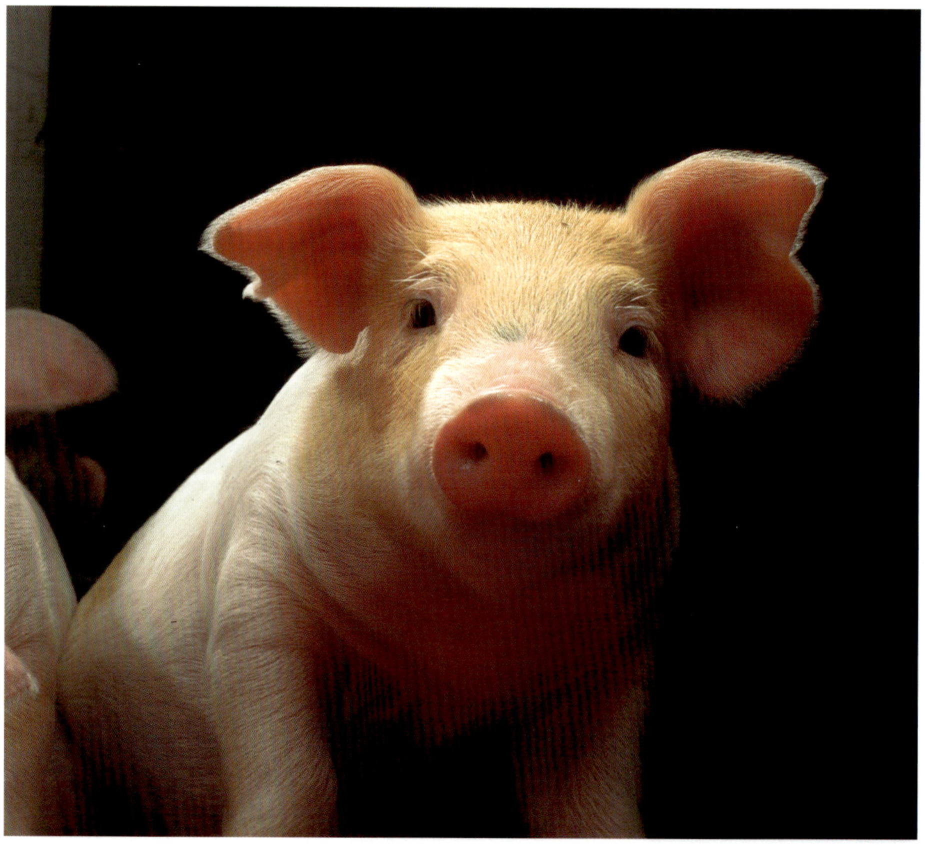

JAHRESBEGINN | Januar 2000
Frohes neues Jahr aus dem Schweinestall in Hülsenberg

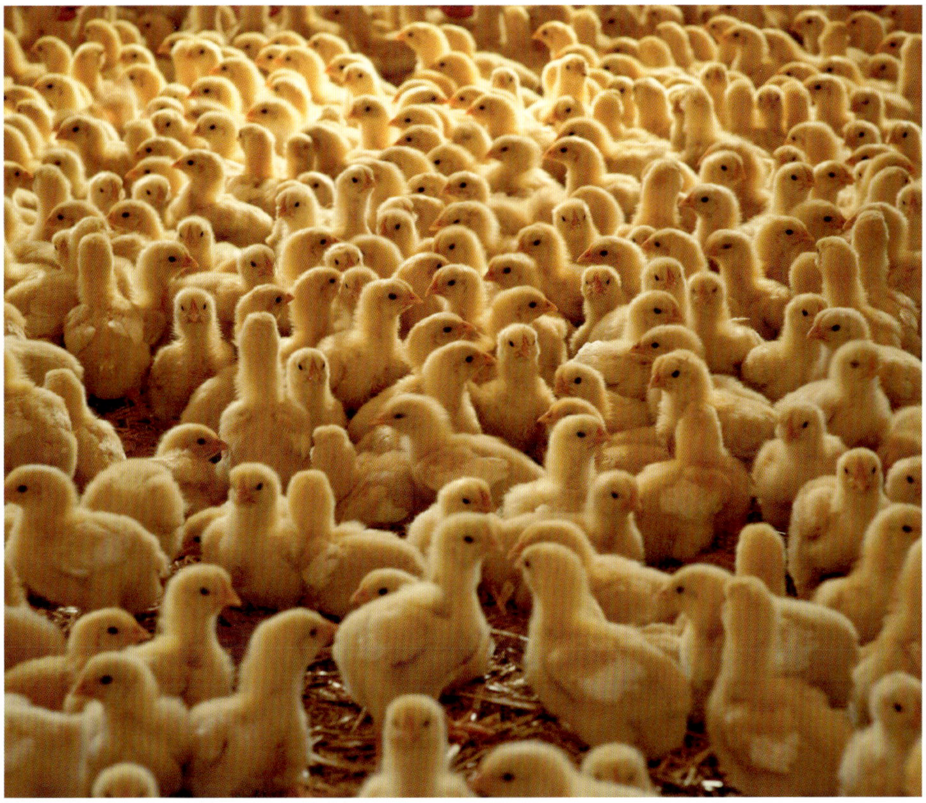

ZUFRIEDEN | Mai 2010
Im warmen Kükenstall bei Groß Buchwald

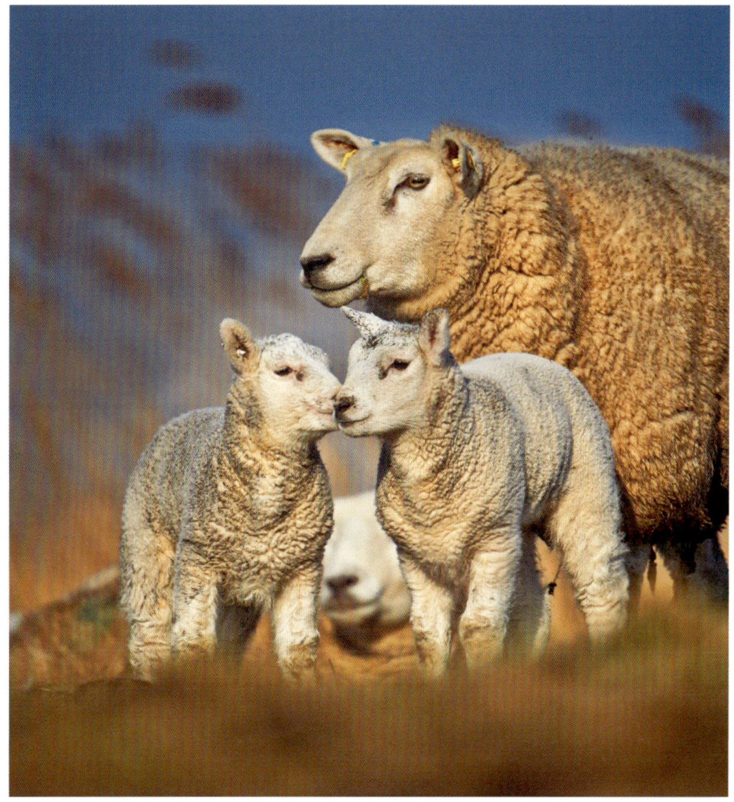

LETZTE ABENDSONNE | Februar 2013
Auf der Weide des Texel-Züchters Löbkens in Hehm an der Eider

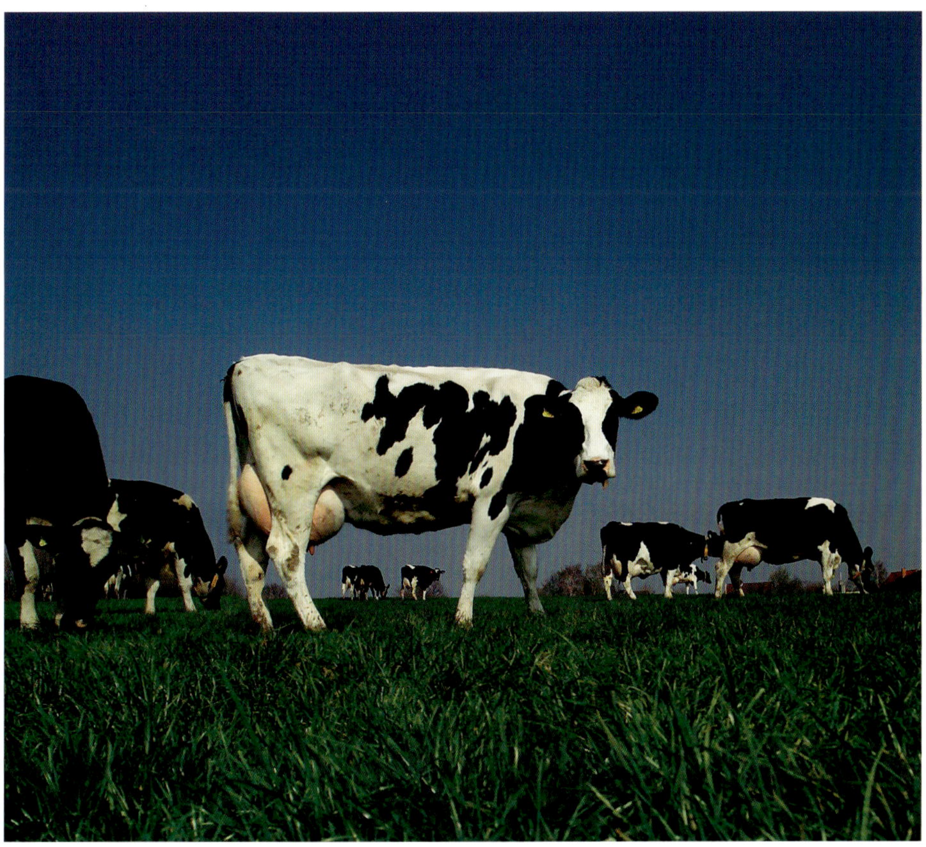

ERSTER WEIDEGANG | April 2005
Im frischen Gras in Rumohr

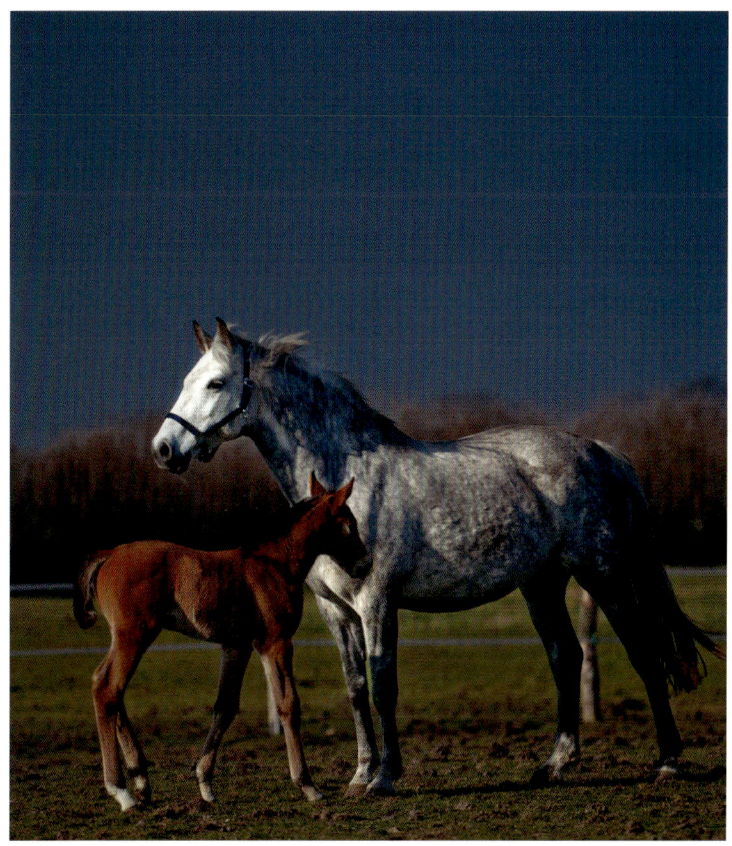

NACHWUCHS | März 2011
Freude über den Nachwuchs auf der Hausweide in Bovenau bei den Holsteiner-Züchtern Christiansen, Hoenck und Wollenberg

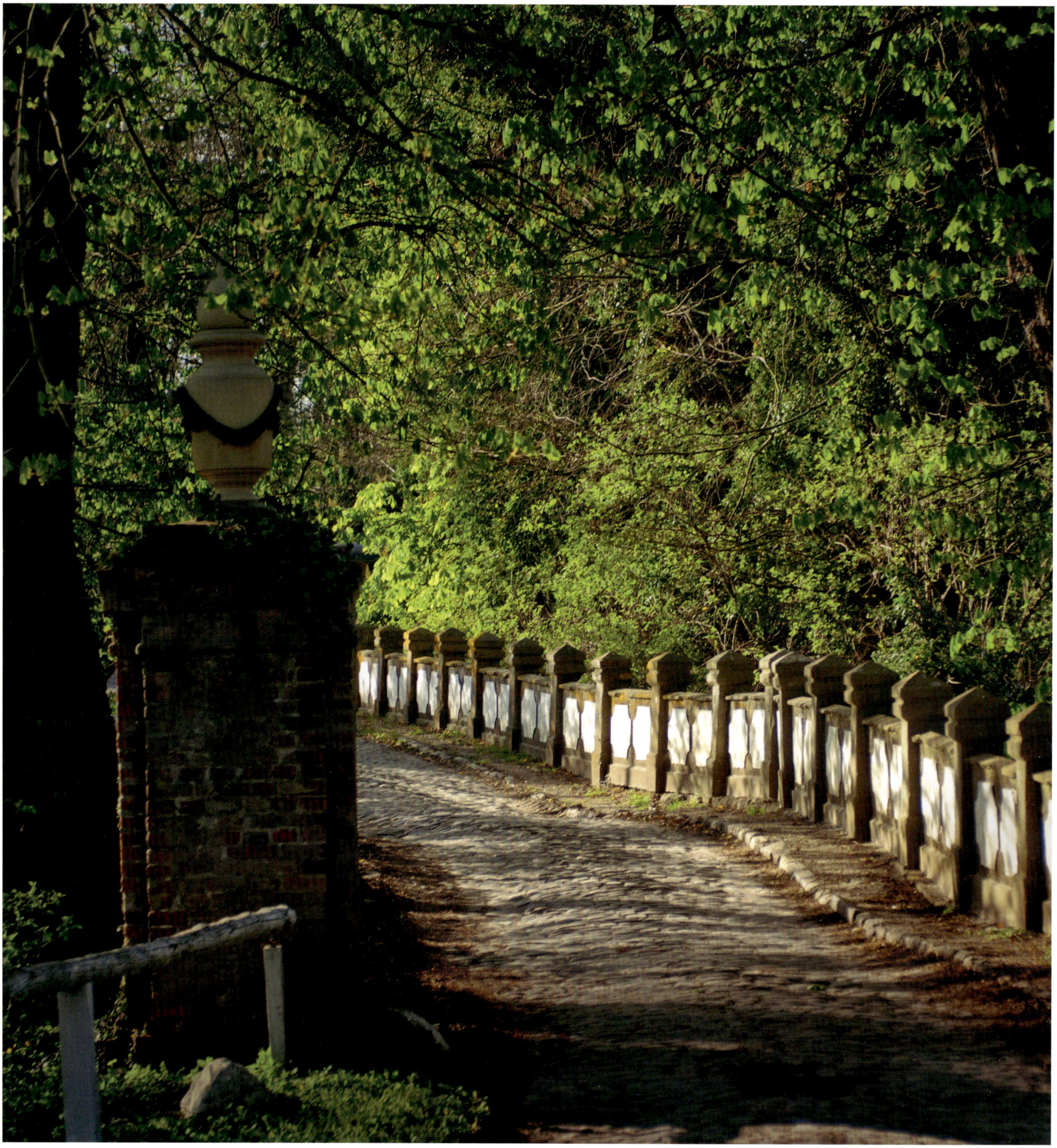

FARVE
April 2007

Über diese Brücke ist das Gut Farve bei Oldenburg zu erreichen, das seine heutige Gestalt ab 1837 durch Graf Ernst von Reventlow erhielt und seit 1929 von der gräflichen Familie Holck bewohnt und bewirtschaftet wird. Mit der Kamera stehe ich auf der Hofseite. Links ist der verzierte Pfeiler der Einfahrt zu sehen.

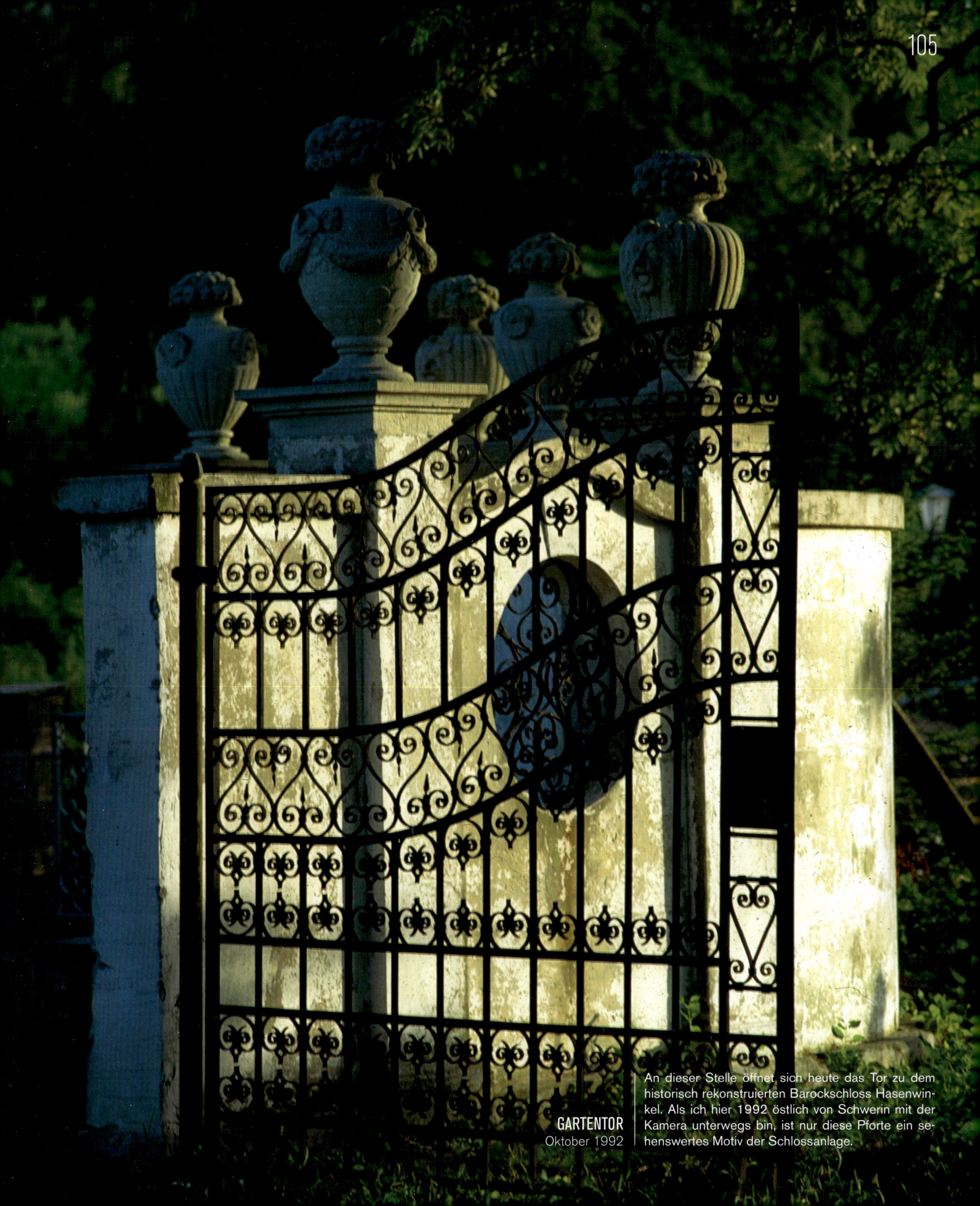

GARTENTOR
Oktober 1992

An dieser Stelle öffnet sich heute das Tor zu dem historisch rekonstruierten Barockschloss Hasenwinkel. Als ich hier 1992 östlich von Schwerin mit der Kamera unterwegs bin, ist nur diese Pforte ein sehenswertes Motiv der Schlossanlage.

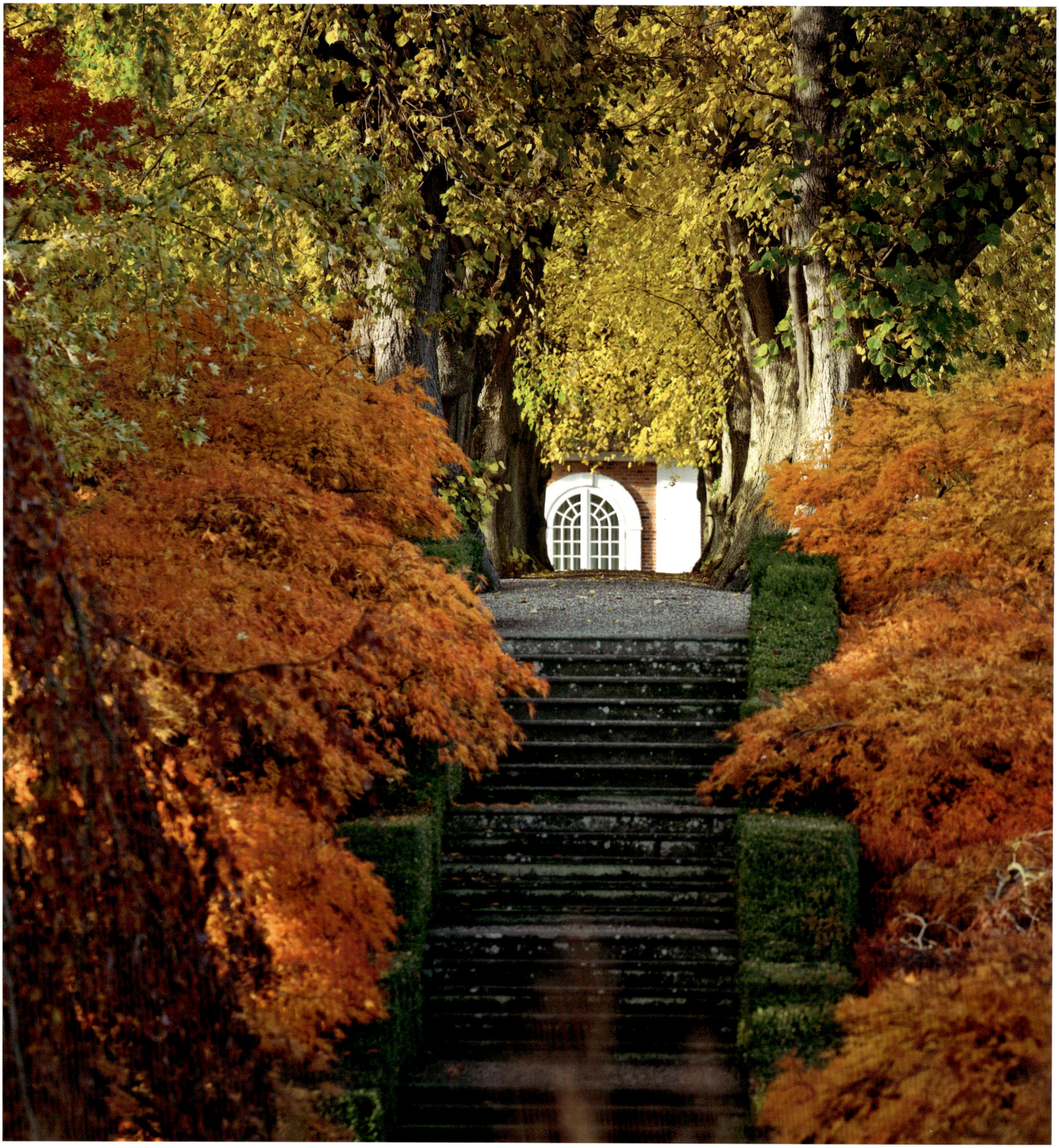

HERBSTGARTEN
November 2011

Der feurig leuchtende Japanische Ahorn, dahinter die Lindenallee: endlose, spannende Motive im Park der Gutsanlage Schierensee. Jeder Schritt voran hier an diesem leuchtenden Novembertag eröffnet ein weiteres Motiv.

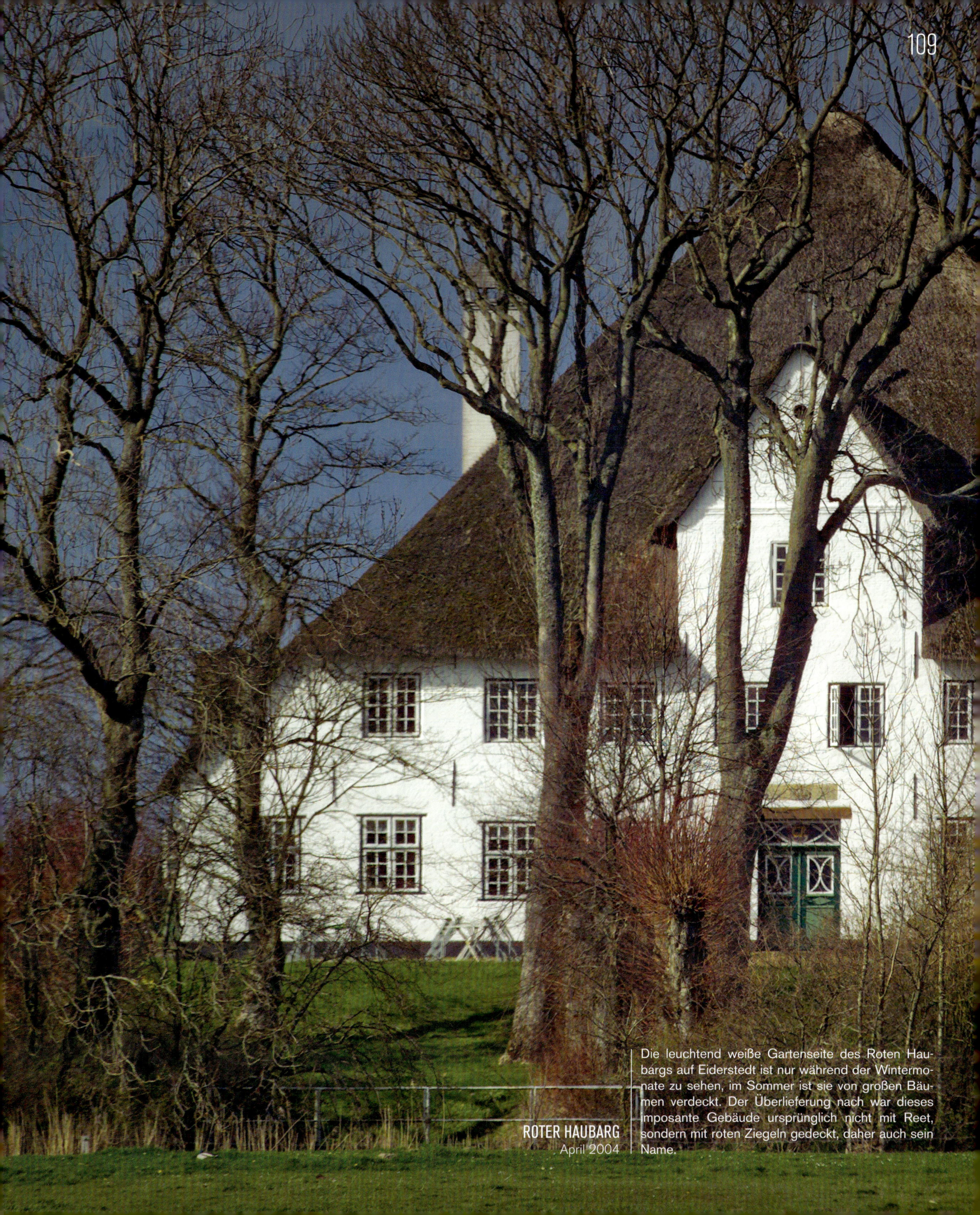

ROTER HAUBARG
April 2004

Die leuchtend weiße Gartenseite des Roten Haubargs auf Eiderstedt ist nur während der Wintermonate zu sehen, im Sommer ist sie von großen Bäumen verdeckt. Der Überlieferung nach war dieses imposante Gebäude ursprünglich nicht mit Reet, sondern mit roten Ziegeln gedeckt, daher auch sein Name.

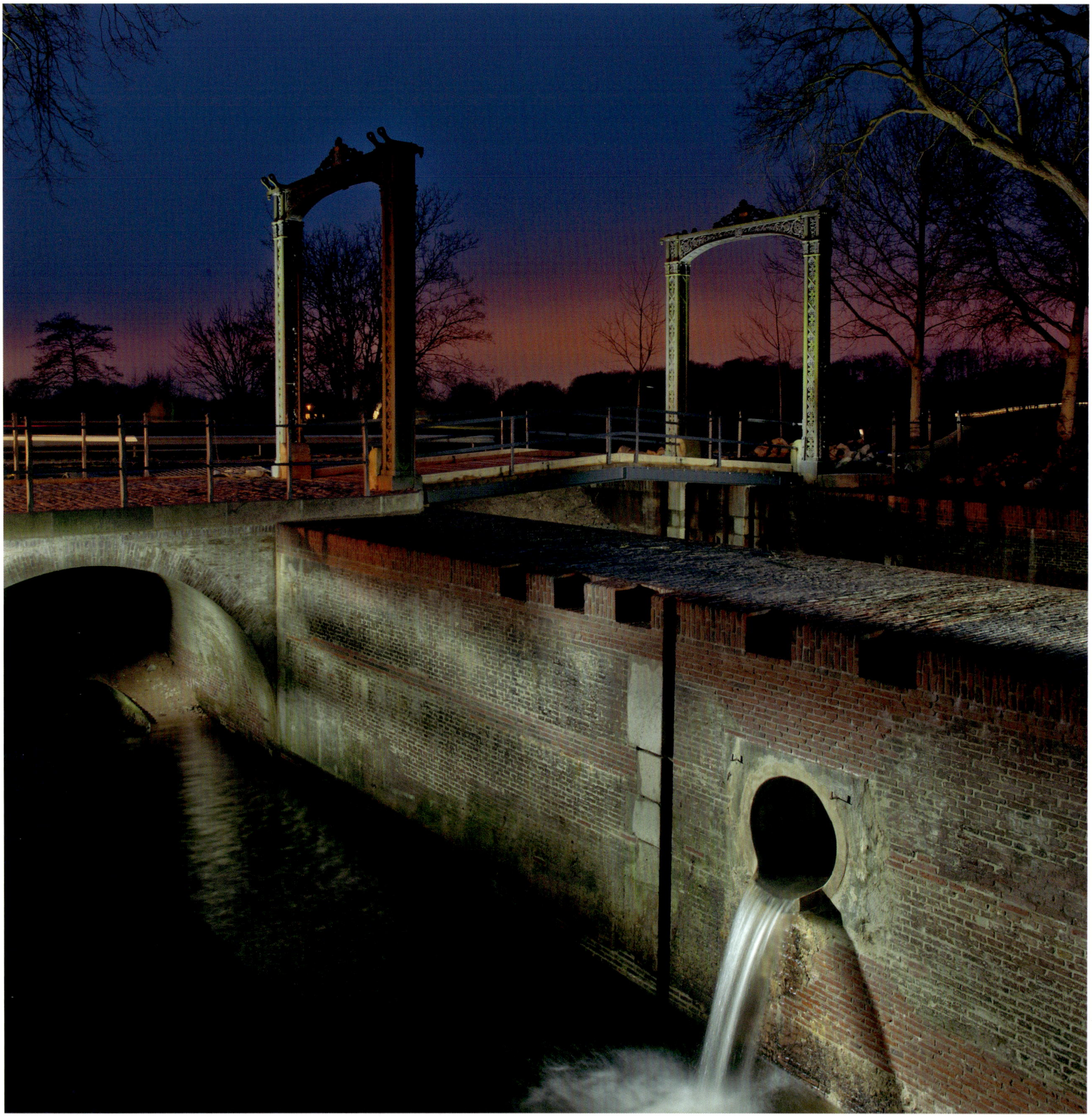

LICHTMALEREI
Januar 2013

Die frisch restaurierte Alte Schleuse von Kluvensiek am Eiderkanal inspiriert mich an einem trüben Winterabend zu einem ungewöhnlichen Experiment: Die Kamera bekommt eine feste Position. Der Verschluss ist für zwölf Minuten geöffnet. In dieser Zeit taste ich mich durch das Dunkel des Schleusengeländes und zeichne mit einer überdimensionalen LED-Stableuchte nacheinander Lichtspuren, die erst in der Summe dieses Lichtensemble ergeben. Die Assistentin steht an der Kamera und verdunkelt sie, sobald ein Auto sich der Schleuse nähert. Das Scheinwerferlicht würde die Lichtmalerei zerstören. Nach zwölf Minuten ist die Nacht immer noch dunkel, wir aber haben ein kunstvolles Licht- und Farbenspiel in der Kamera.

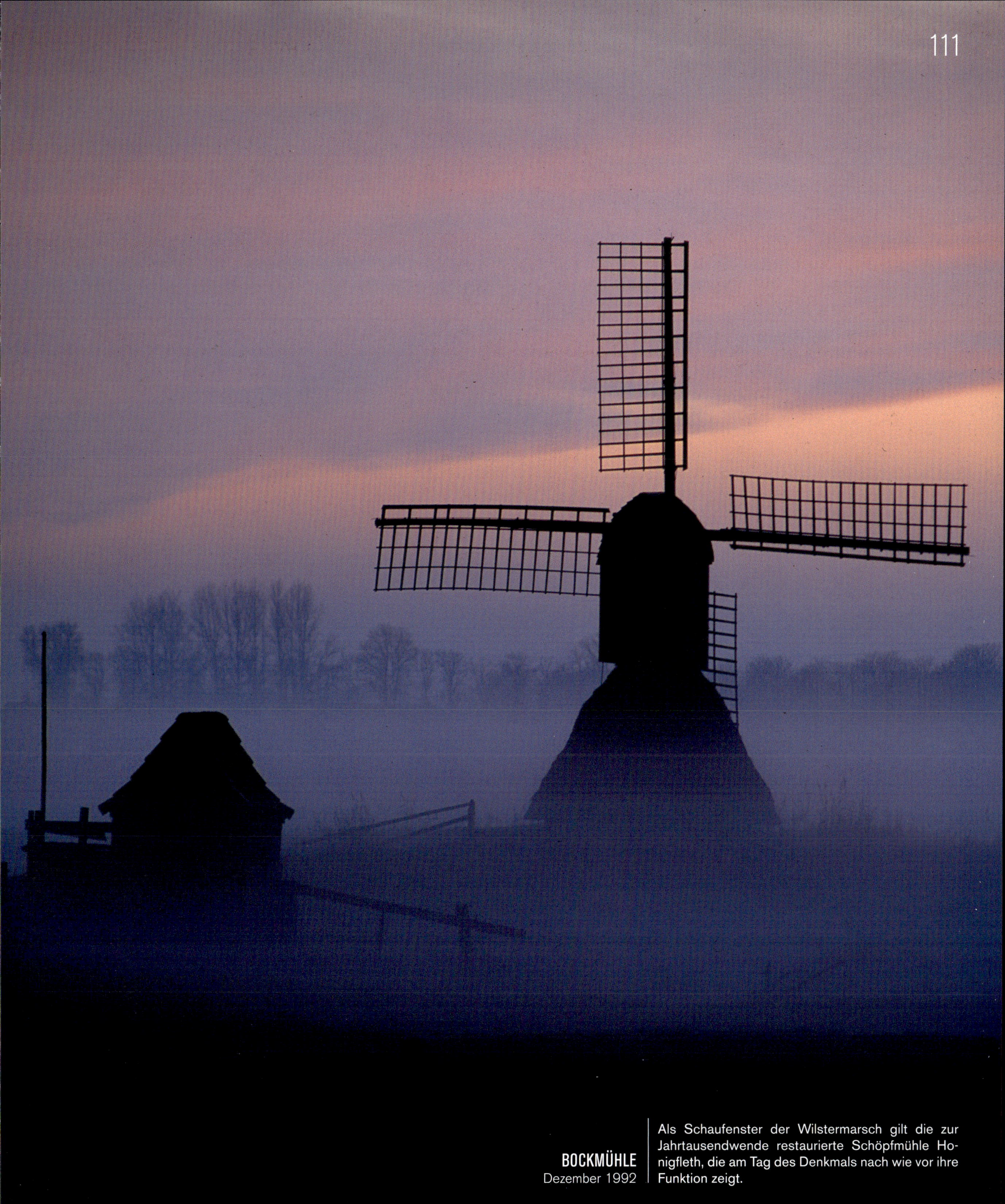

BOCKMÜHLE
Dezember 1992

Als Schaufenster der Wilstermarsch gilt die zur Jahrtausendwende restaurierte Schöpfmühle Honigfleth, die am Tag des Denkmals nach wie vor ihre Funktion zeigt.

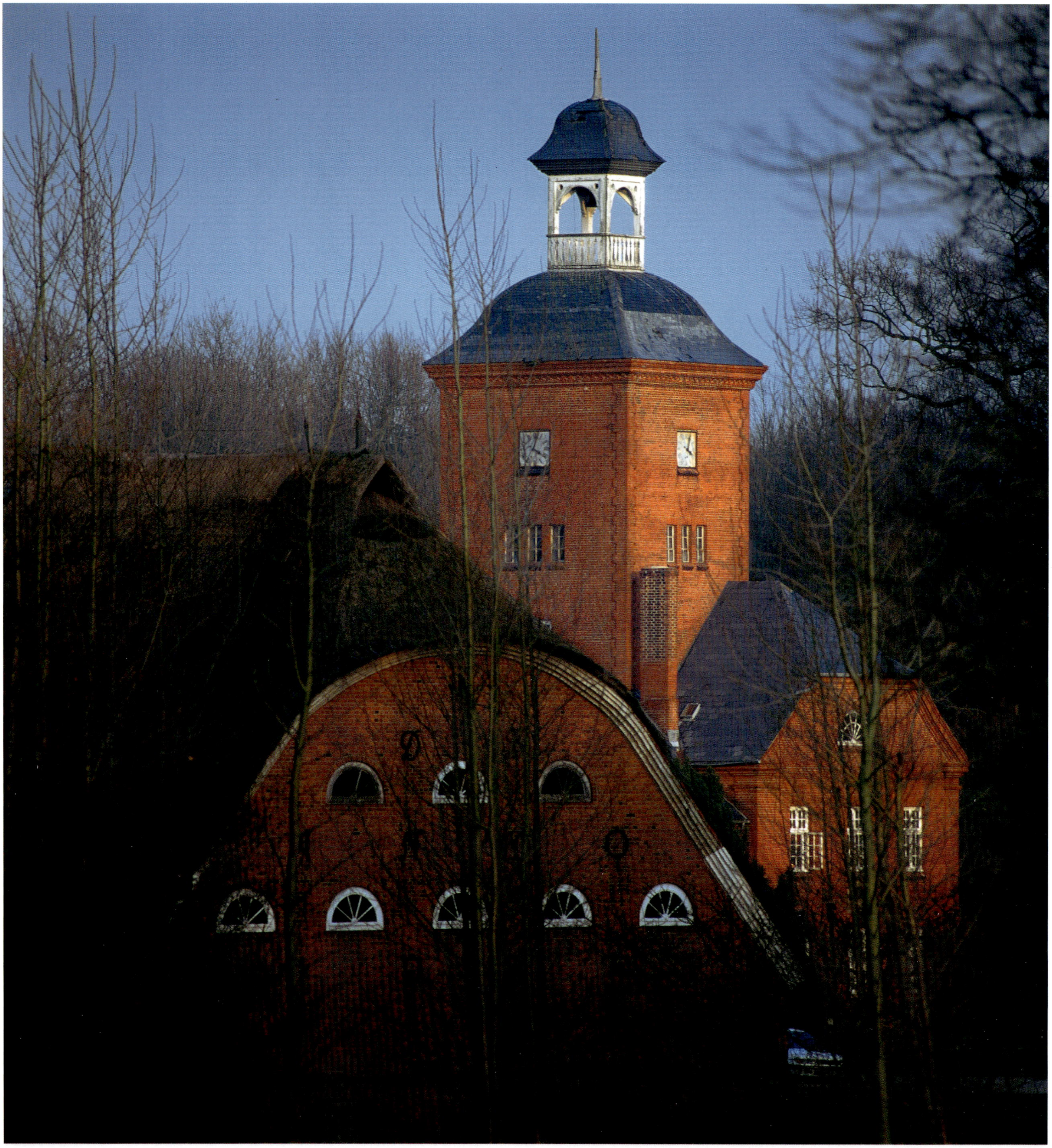

GUT BOSSEE
Februar 1992

Aus der Entfernung von etwa 1,5 km ist diese Verdichtung der Gutsanlage aufgenommen worden. Nur die Hasselblad mit dem lichtstarken Objektiv von 500 mm ermöglicht diese sehr hohe Bildauflösung.

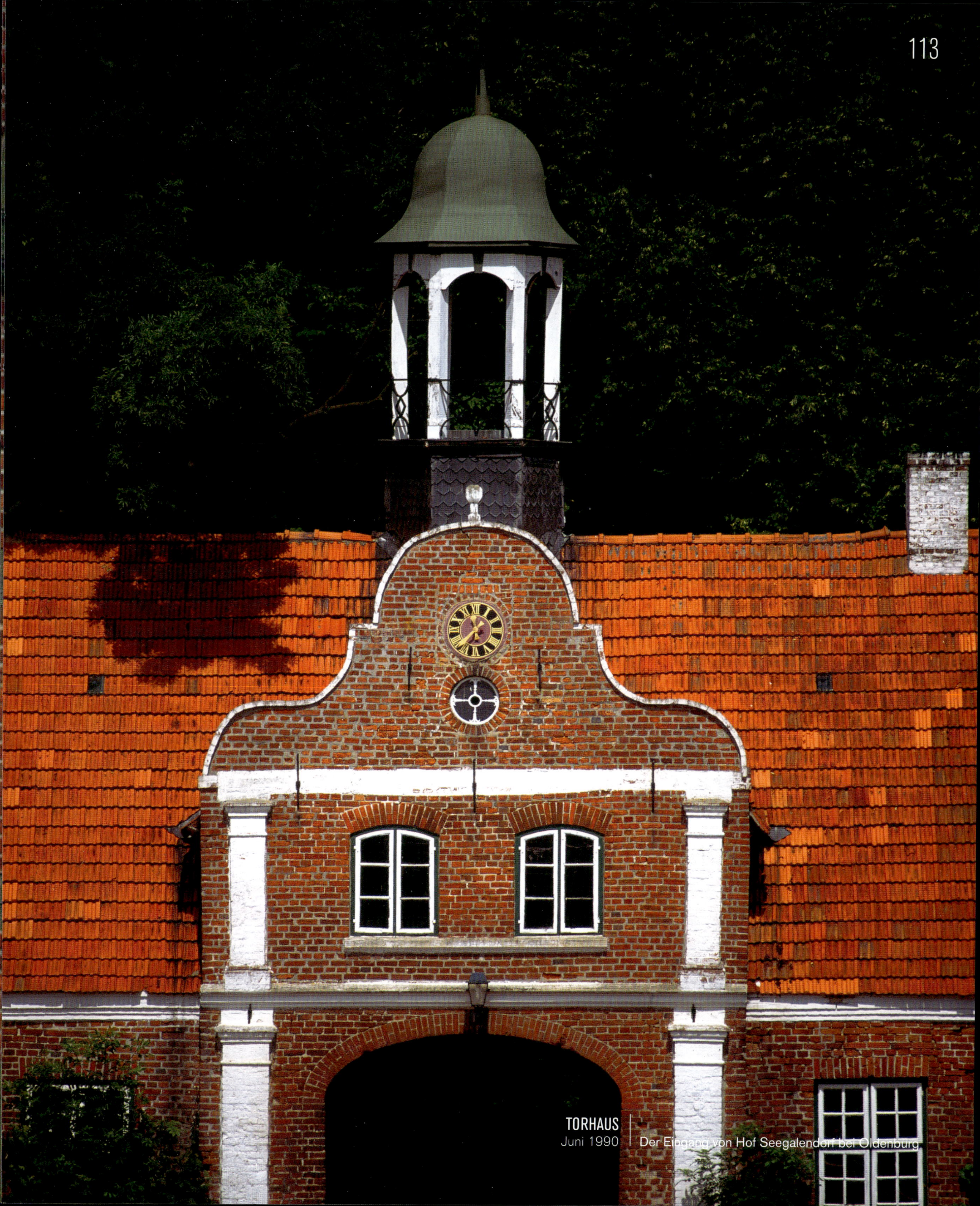

TORHAUS
Juni 1990 | Der Eingang von Hof Seegalendorf bei Oldenburg

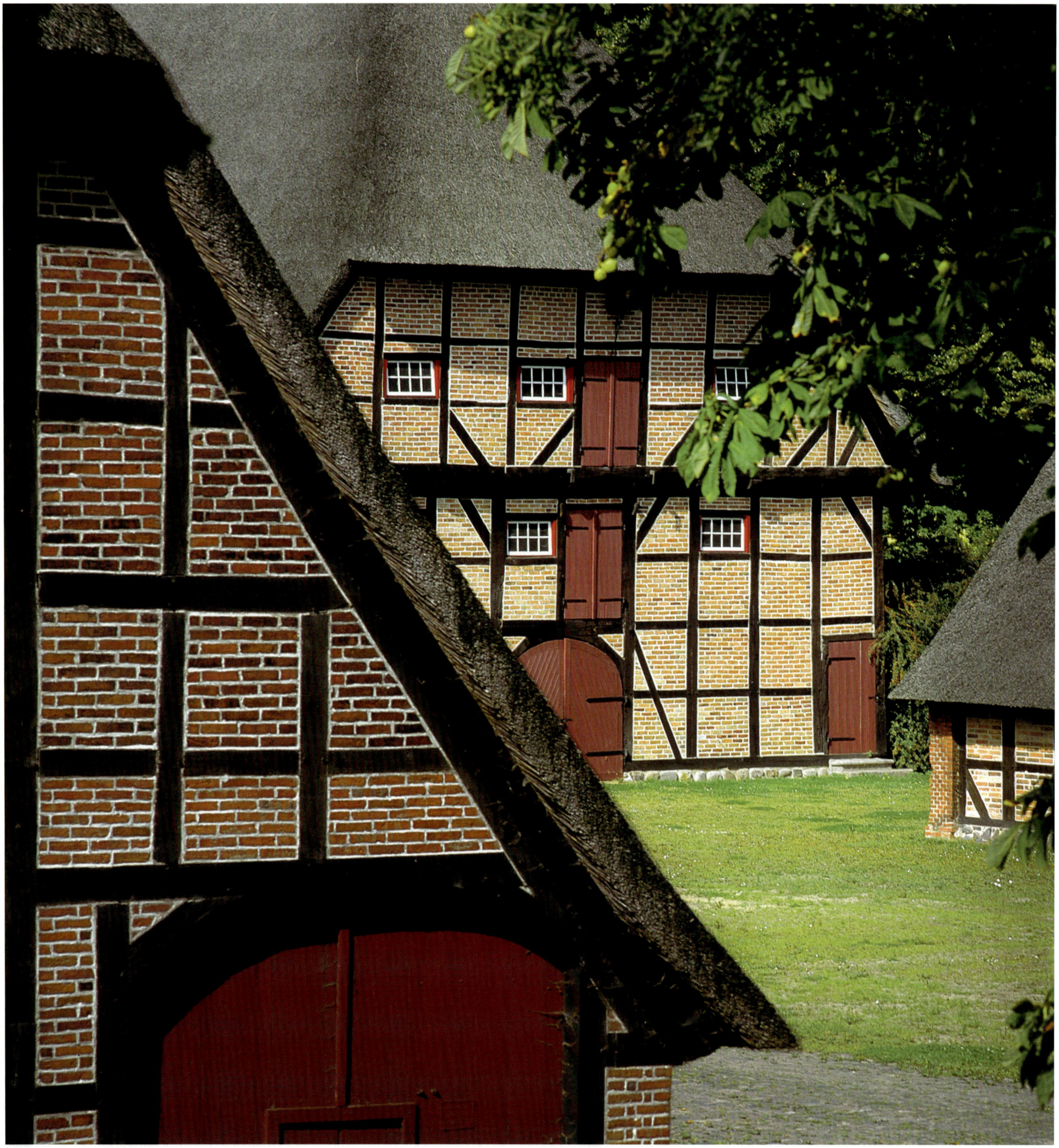

FACHWERKGEPRÄGE
September 1992

Den restaurierten Kornspeicher, eingerahmt von den anderen Fachwerkbauten der Wahlstorfer Scheunen, kann ich aus dem Geäst einer hohen Kastanie gut ins Bild bringen.

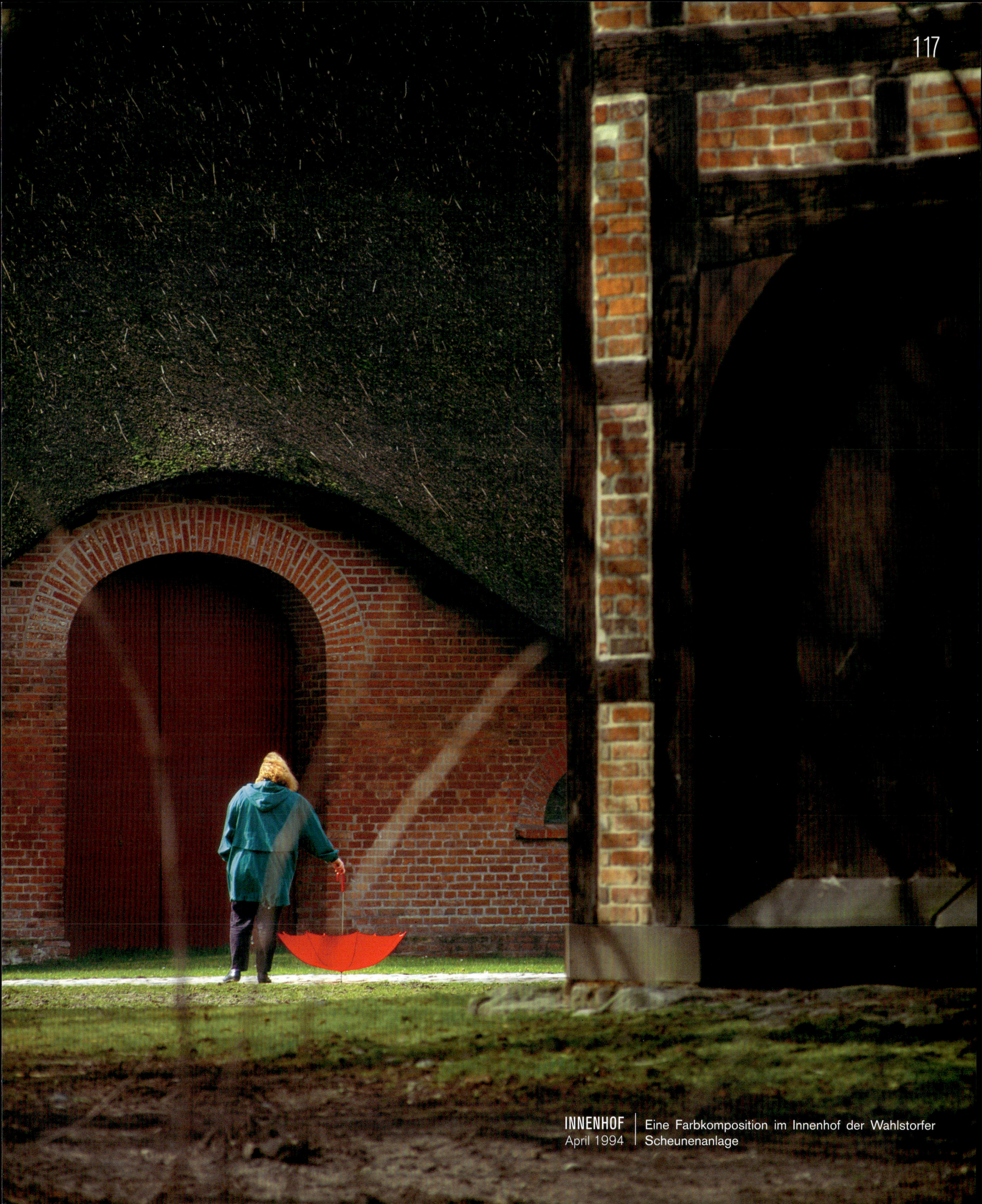

INNENHOF
April 1994

Eine Farbkomposition im Innenhof der Wahlstorfer Scheunenanlage

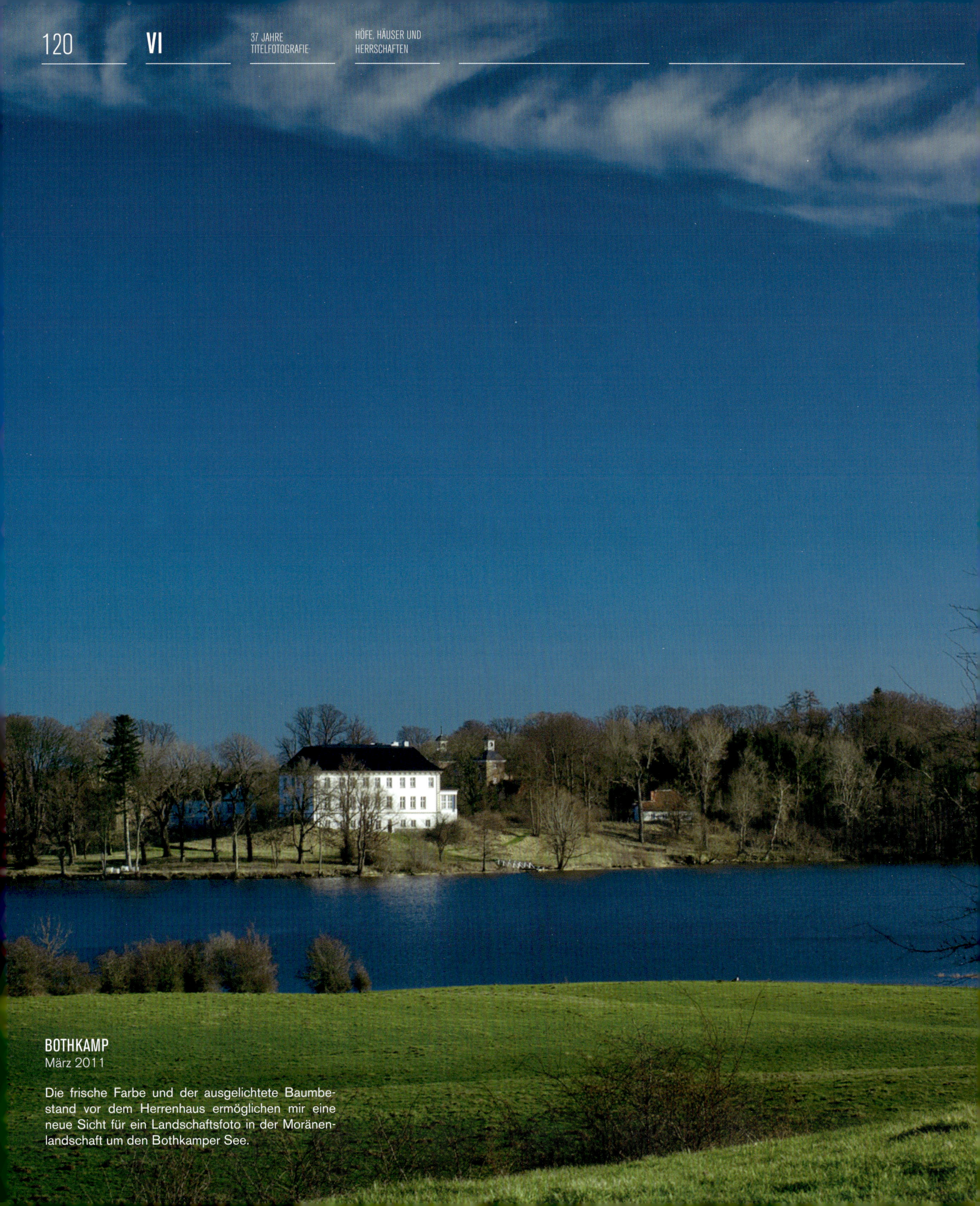

BOTHKAMP
März 2011

Die frische Farbe und der ausgelichtete Baumbestand vor dem Herrenhaus ermöglichen mir eine neue Sicht für ein Landschaftsfoto in der Moränenlandschaft um den Bothkamper See.

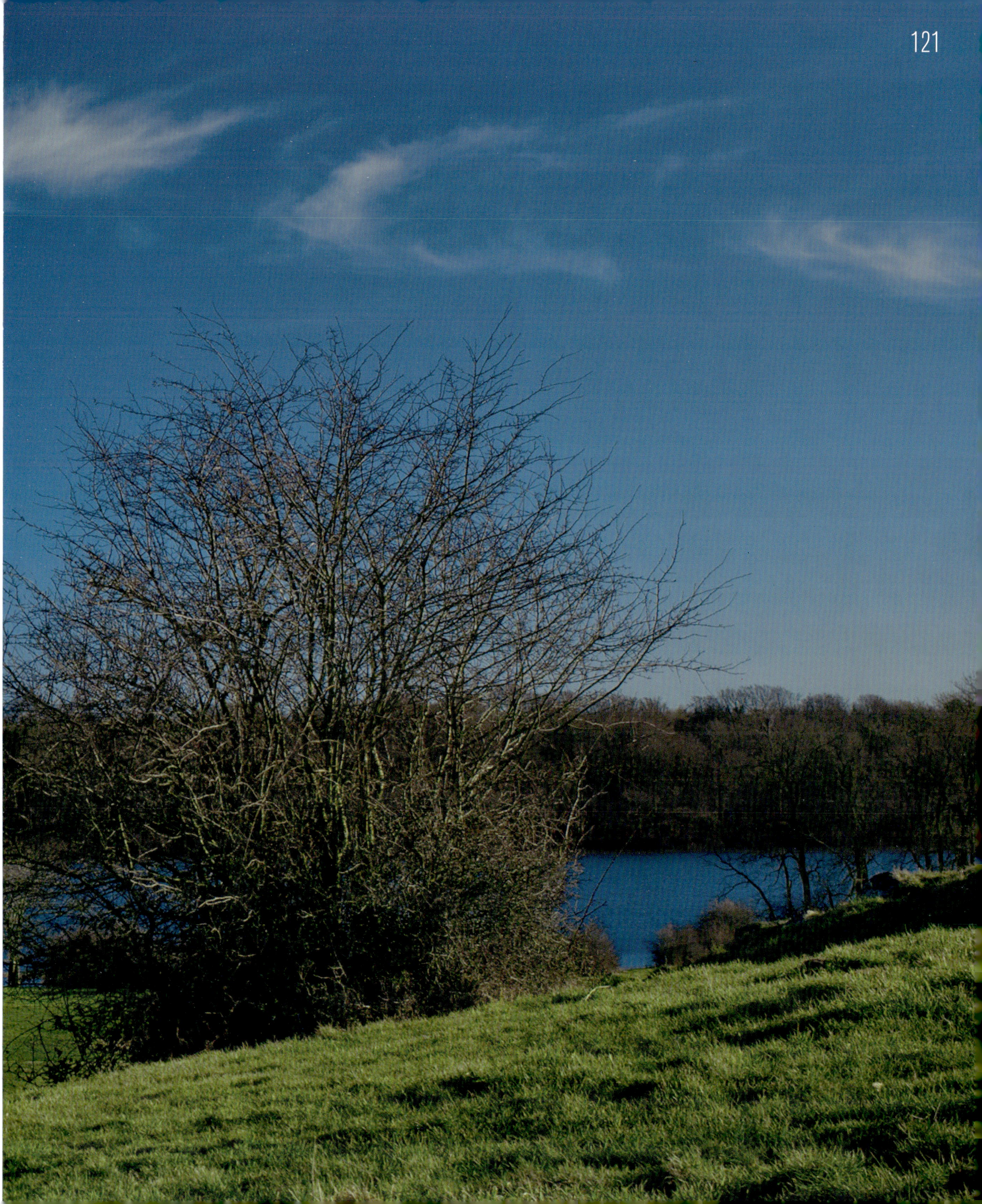

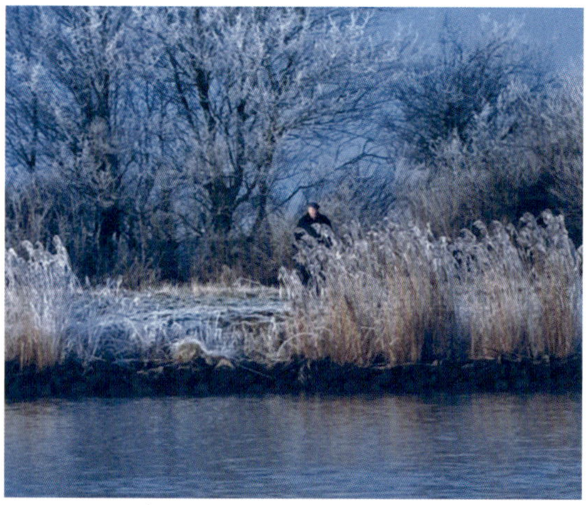
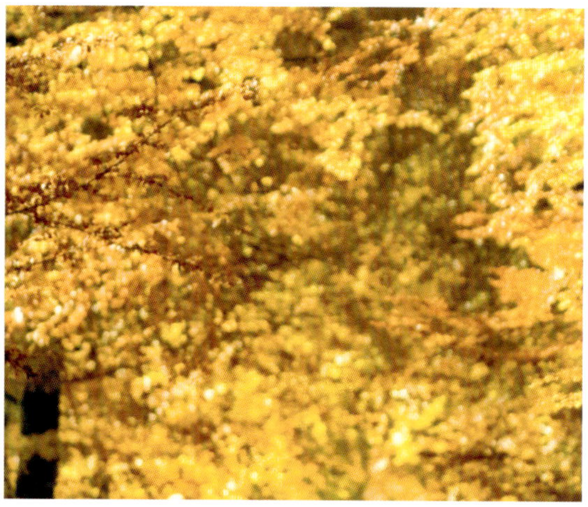
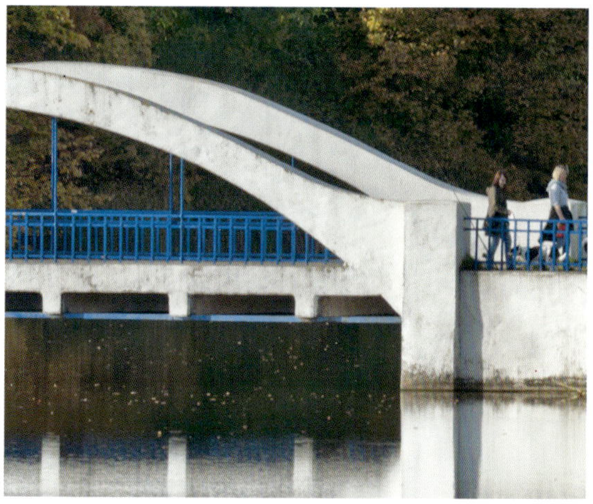
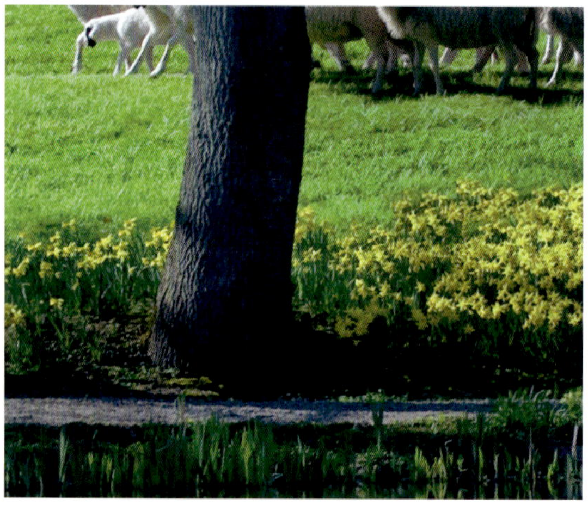
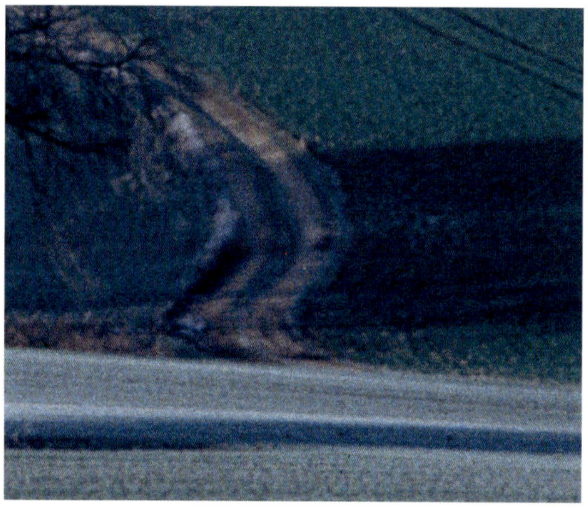
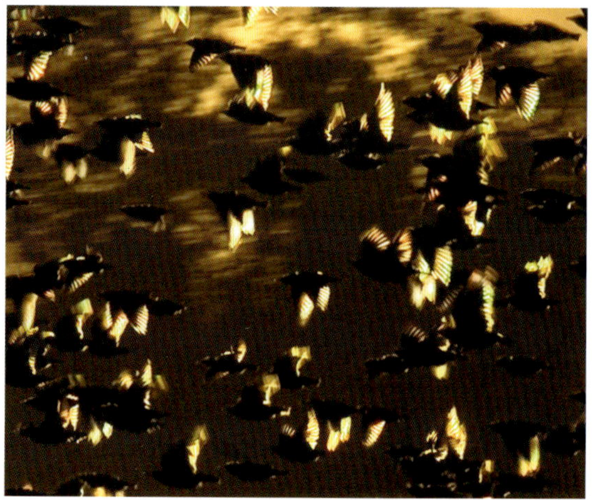
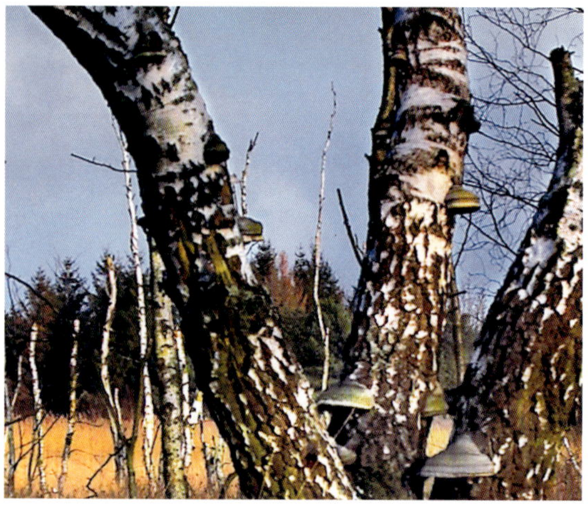
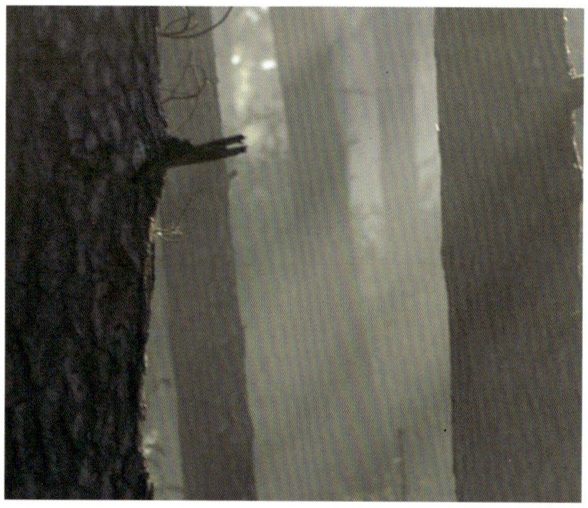
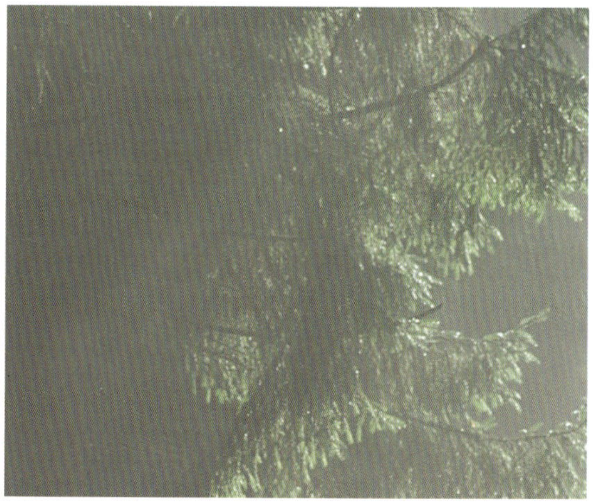
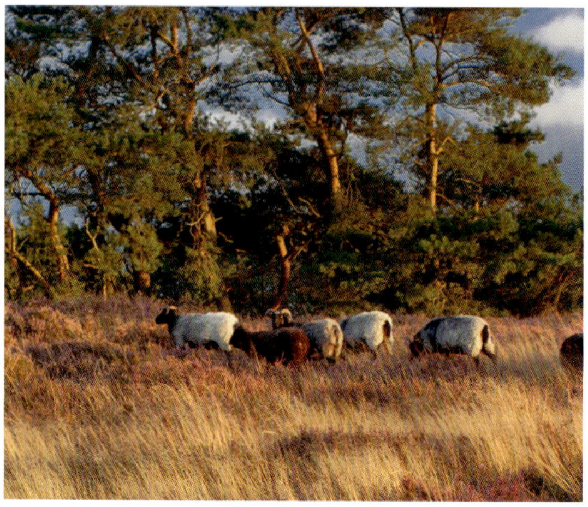
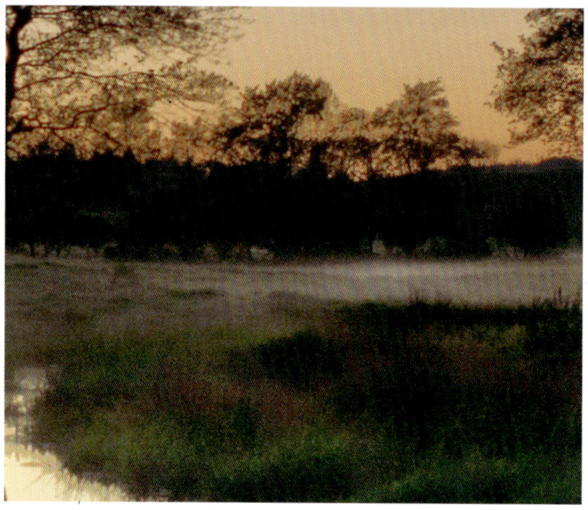
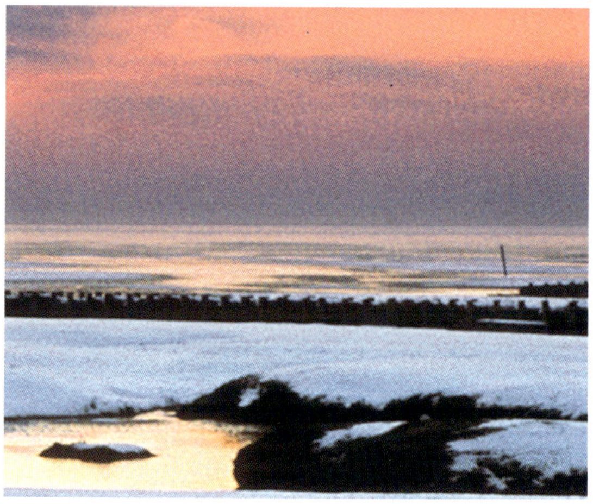

VII

FRÜHLING, SOMMER, HERBST UND WINTER

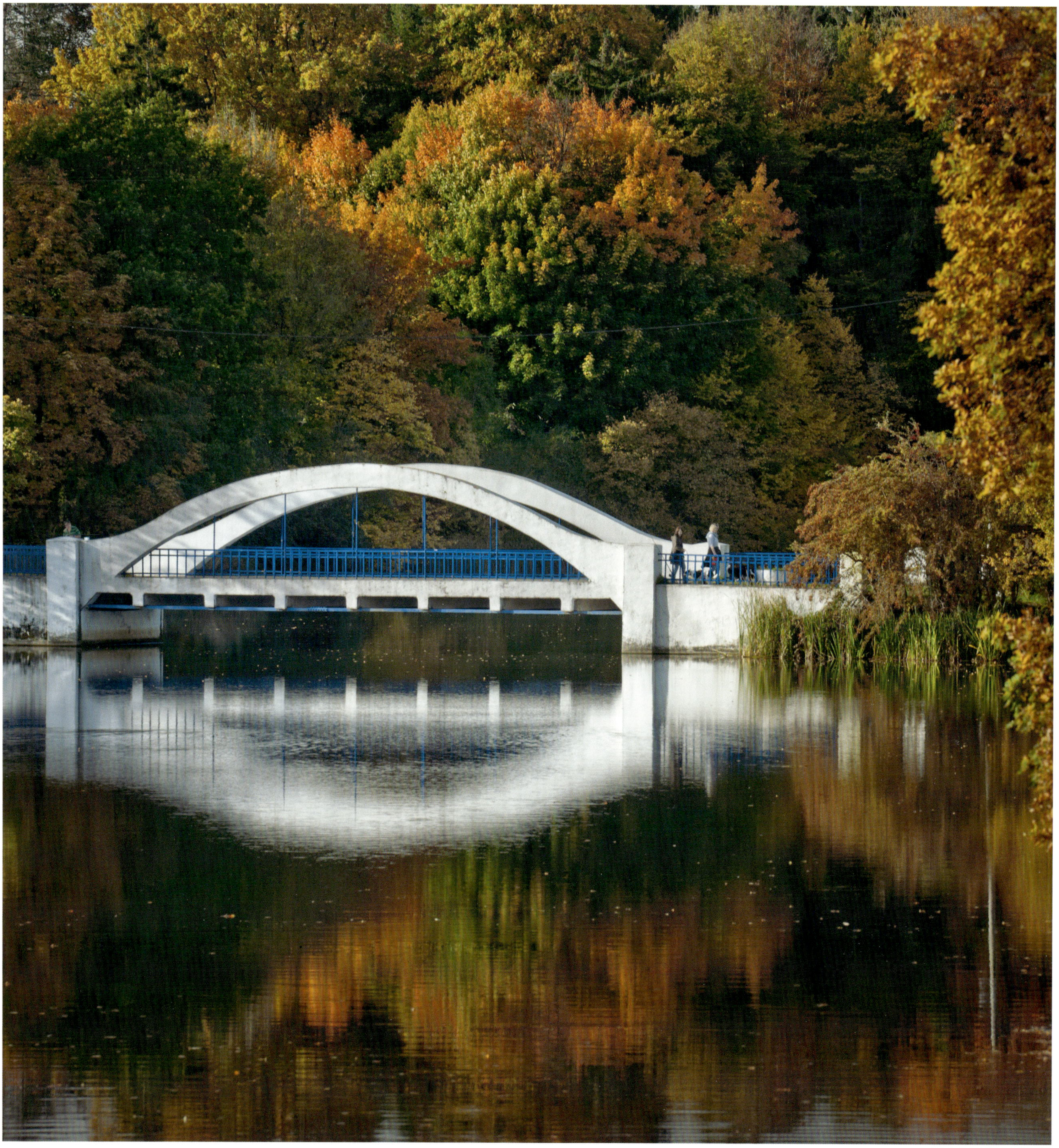

WEISSE BRÜCKE
Oktober 2012

Von Weitem eine leuchtende Erscheinung, die Weiße Brücke über die Schwentine, die schon mehrfach als Titelbild erschienen ist. An diesem Herbsttag endete meine Fototour durch Ostholstein hier im Kreis Plön, wo mich dieses Motiv wie magisch angezogen hat.

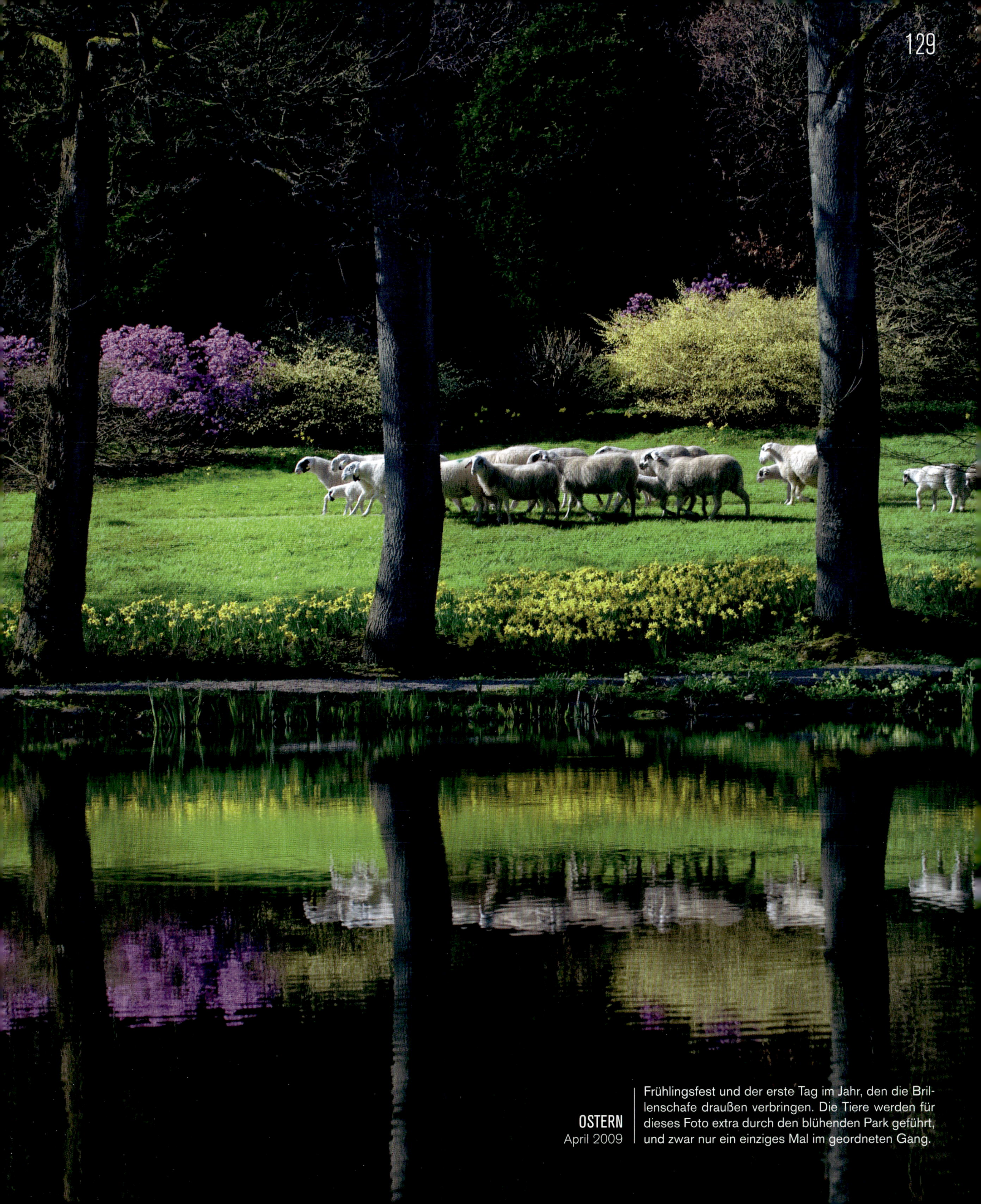

OSTERN
April 2009

Frühlingsfest und der erste Tag im Jahr, den die Brillenschafe draußen verbringen. Die Tiere werden für dieses Foto extra durch den blühenden Park geführt, und zwar nur ein einziges Mal im geordneten Gang.

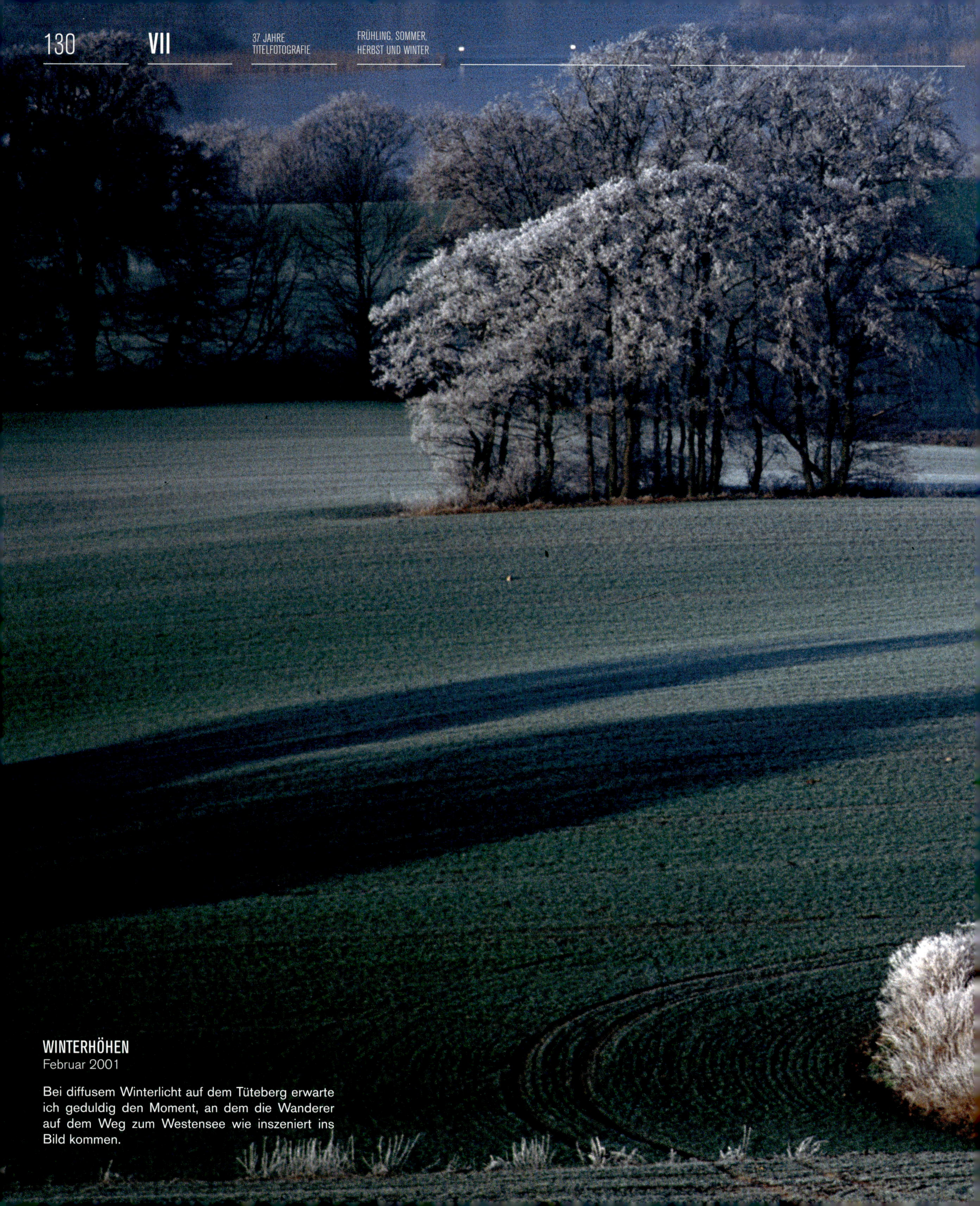

WINTERHÖHEN
Februar 2001

Bei diffusem Winterlicht auf dem Tüteberg erwarte ich geduldig den Moment, an dem die Wanderer auf dem Weg zum Westensee wie inszeniert ins Bild kommen.

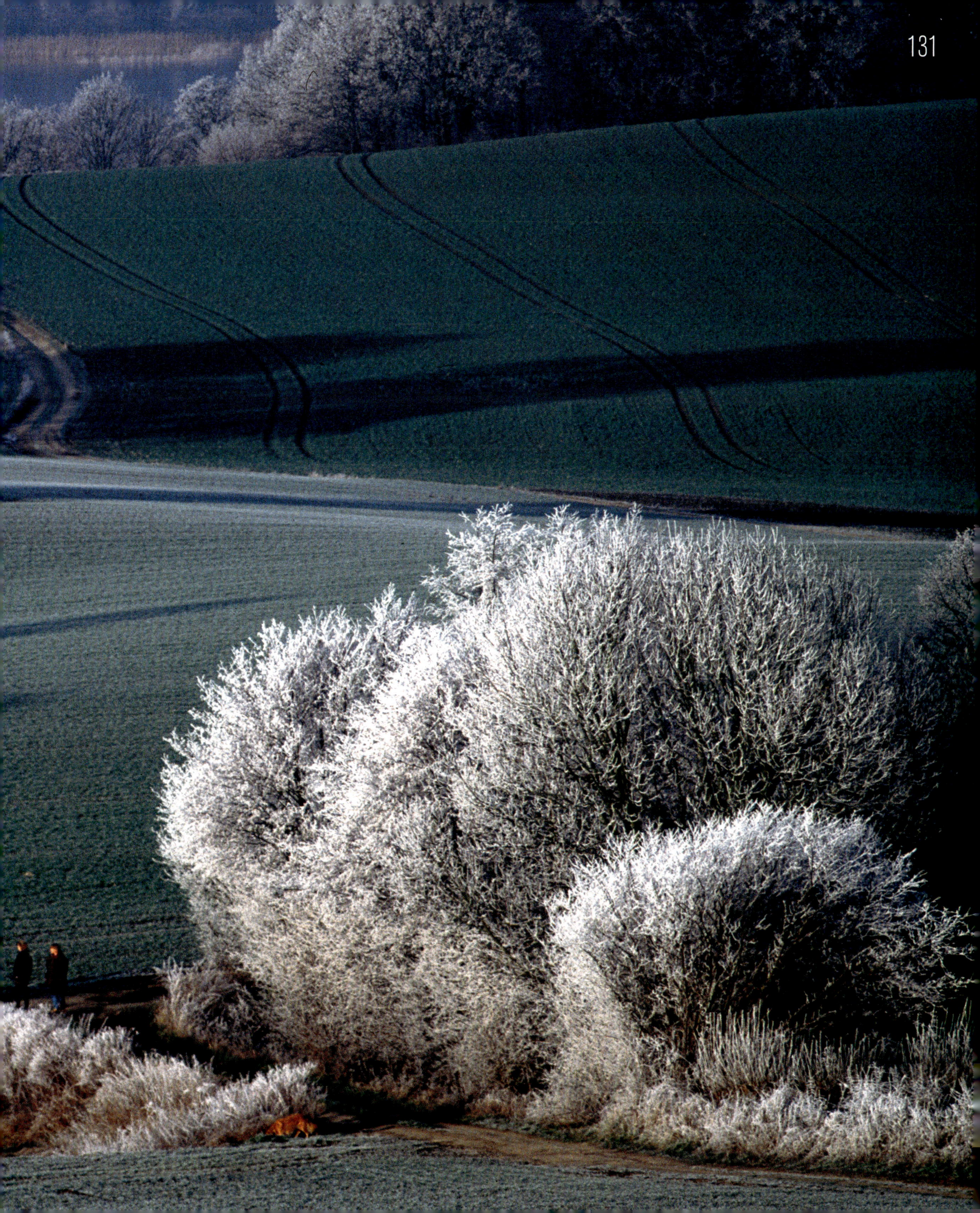

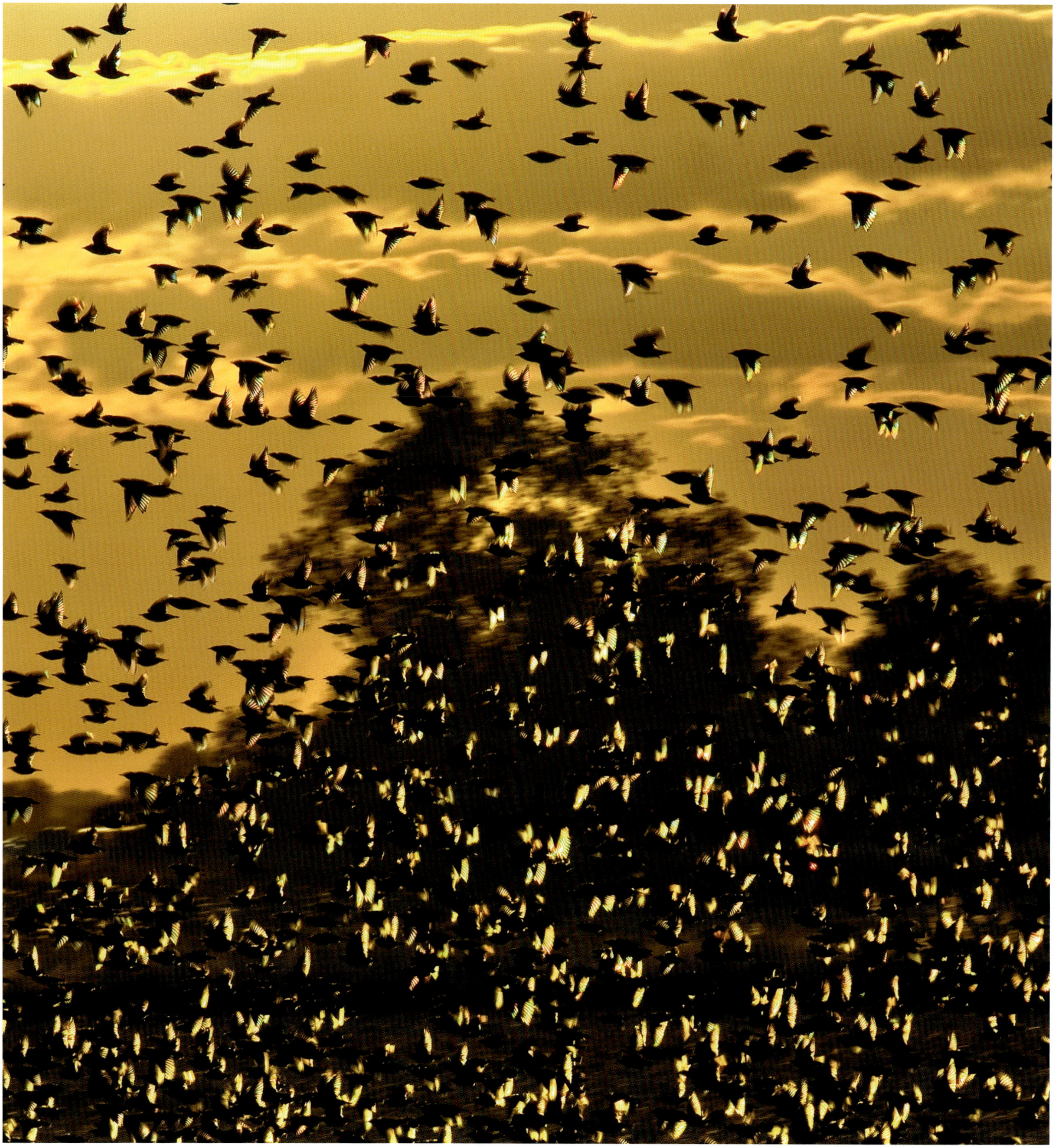

SCHWARZE SONNE
September 2009

Wenn sie ihren spätsommerlichen Rastplatz auf den Stoppelfeldern verlassen, um sich im sicheren Schilf des dänischen Grenzgebietes zur Nacht niederzulassen, zeigen die Stare ihr Himmelsschauspiel der schwarzen Sonne. Das harte Sonnenlicht ist ideal. Ich nähere mich vorsichtig an, um den Augenblick einzufangen, wenn die Stare aufbrechen.

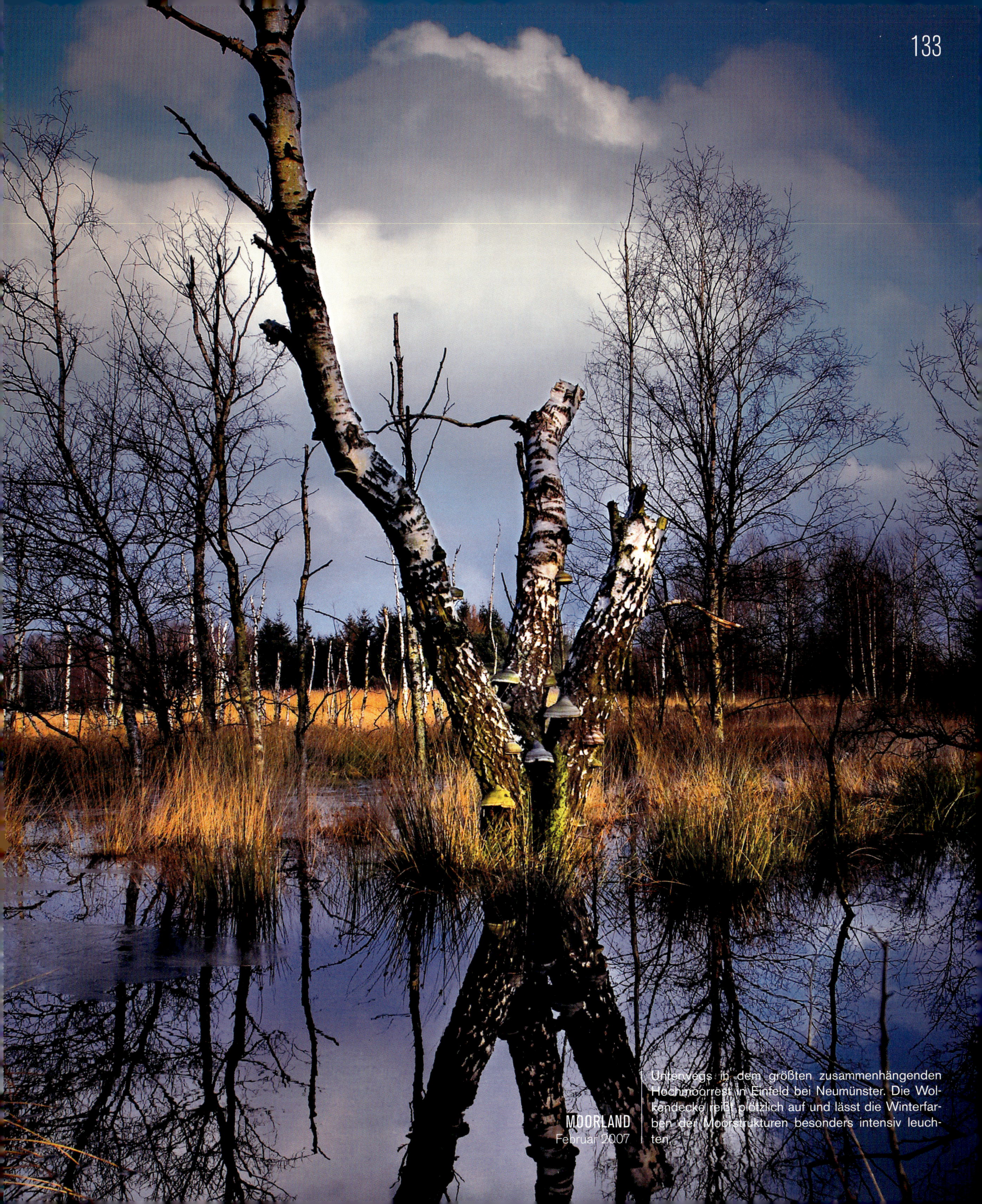

MOORLAND
Februar 2007

Unterwegs in dem größten zusammenhängenden Hochmoorrest in Einfeld bei Neumünster. Die Wolkendecke reißt plötzlich auf und lässt die Winterfarben der Moorstrukturen besonders intensiv leuchten.

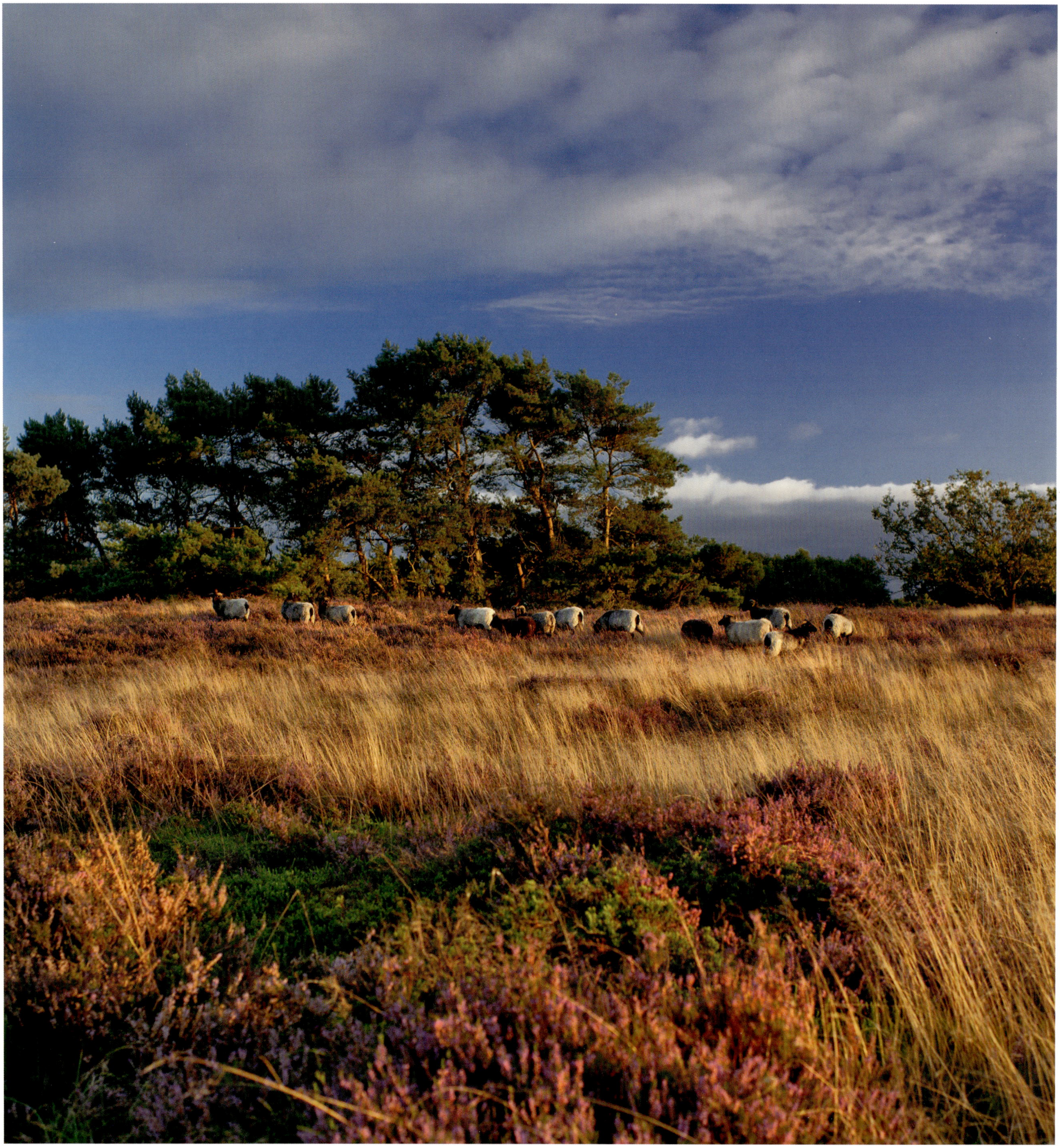

LANDSCHAFTSPFLEGER
September 2012

Es hat Seltenheitswert, dass in dem Augenblick, wenn das Abendlicht durchbricht, auch das Motiv an der richtigen Stelle steht. Hier in der Heide von Sorgwohld haben die Heidschnucken sich freiwillig lenken lassen.

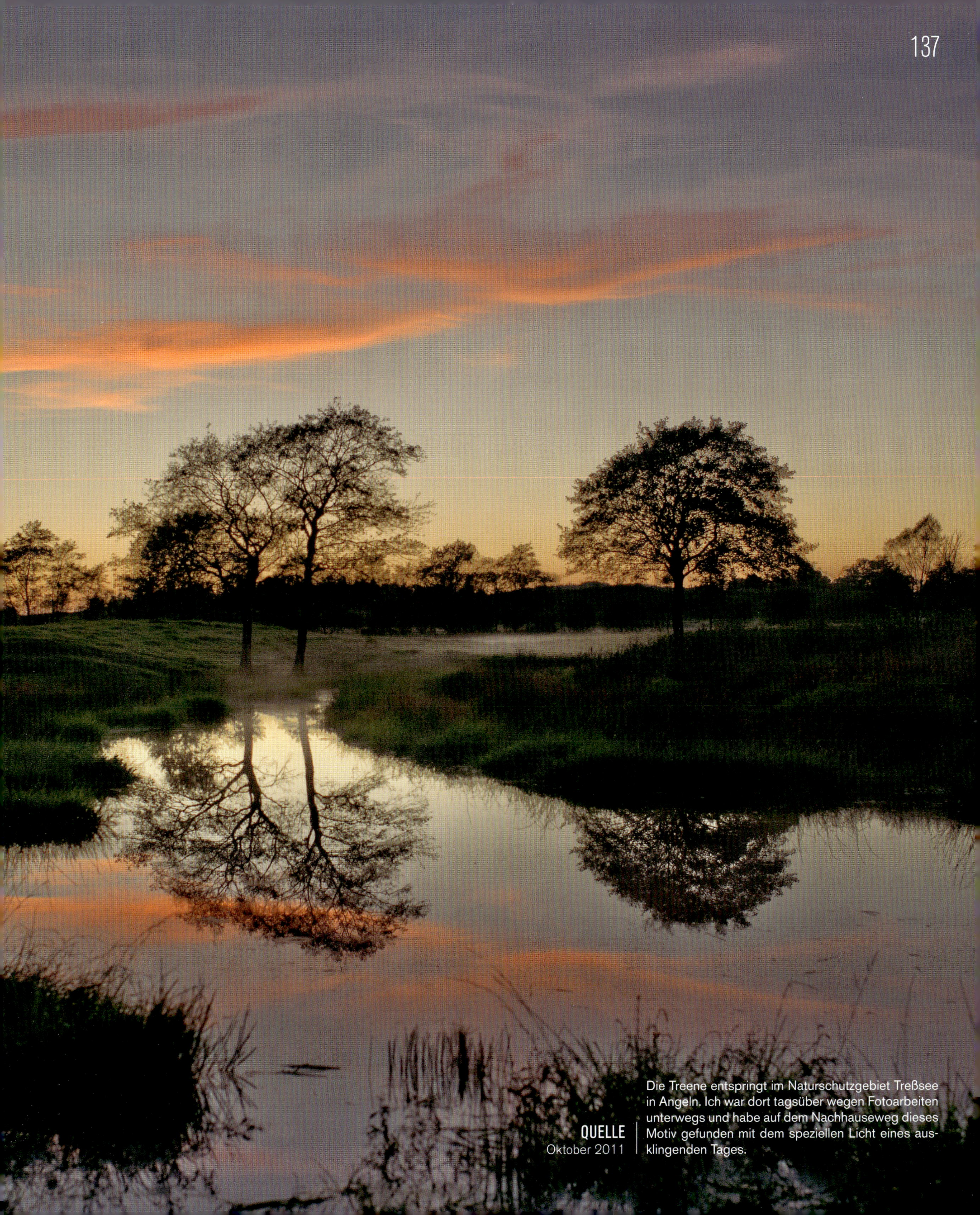

QUELLE
Oktober 2011

Die Treene entspringt im Naturschutzgebiet Treßsee in Angeln. Ich war dort tagsüber wegen Fotoarbeiten unterwegs und habe auf dem Nachhauseweg dieses Motiv gefunden mit dem speziellen Licht eines ausklingenden Tages.

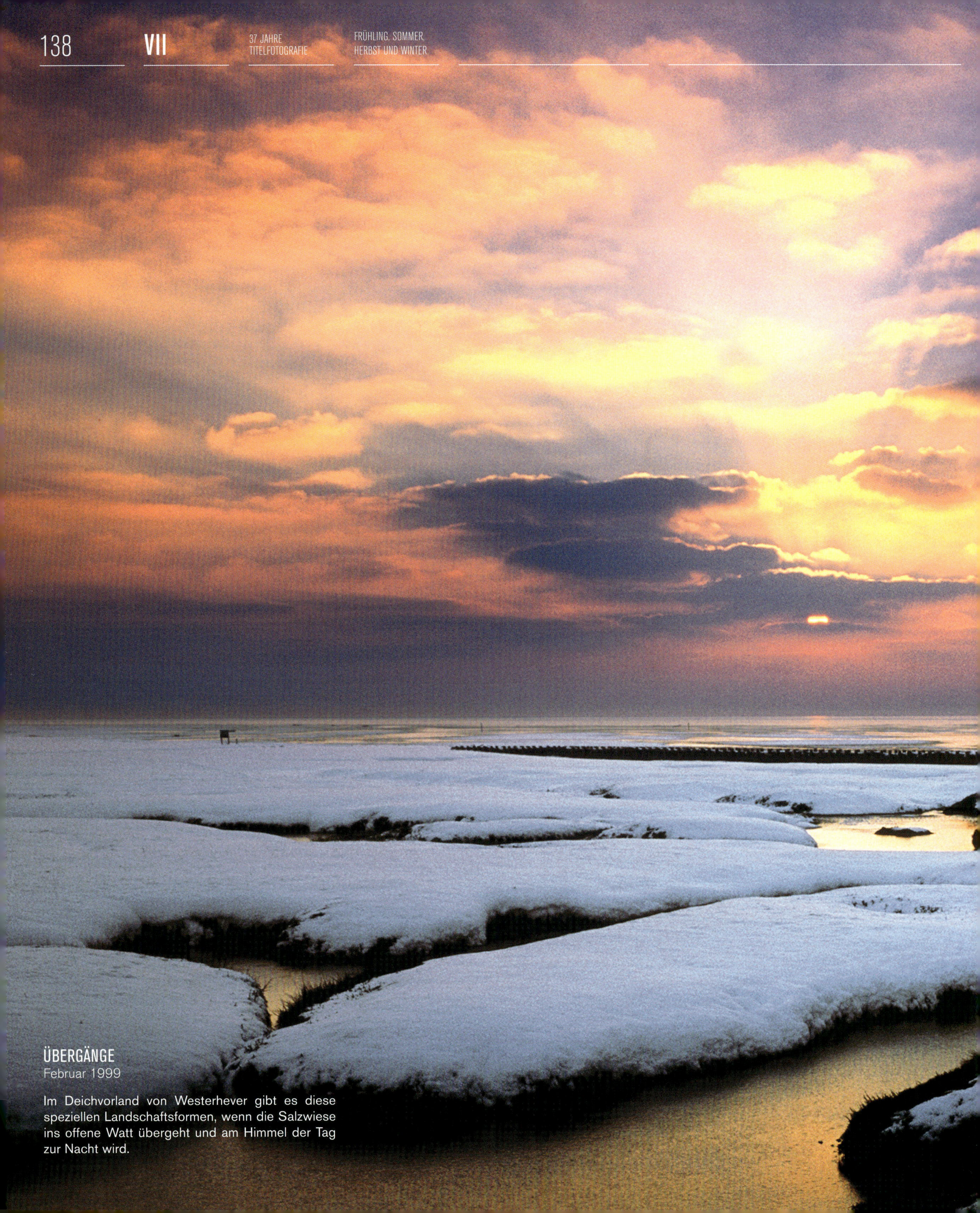

ÜBERGÄNGE
Februar 1999

Im Deichvorland von Westerhever gibt es diese speziellen Landschaftsformen, wenn die Salzwiese ins offene Watt übergeht und am Himmel der Tag zur Nacht wird.

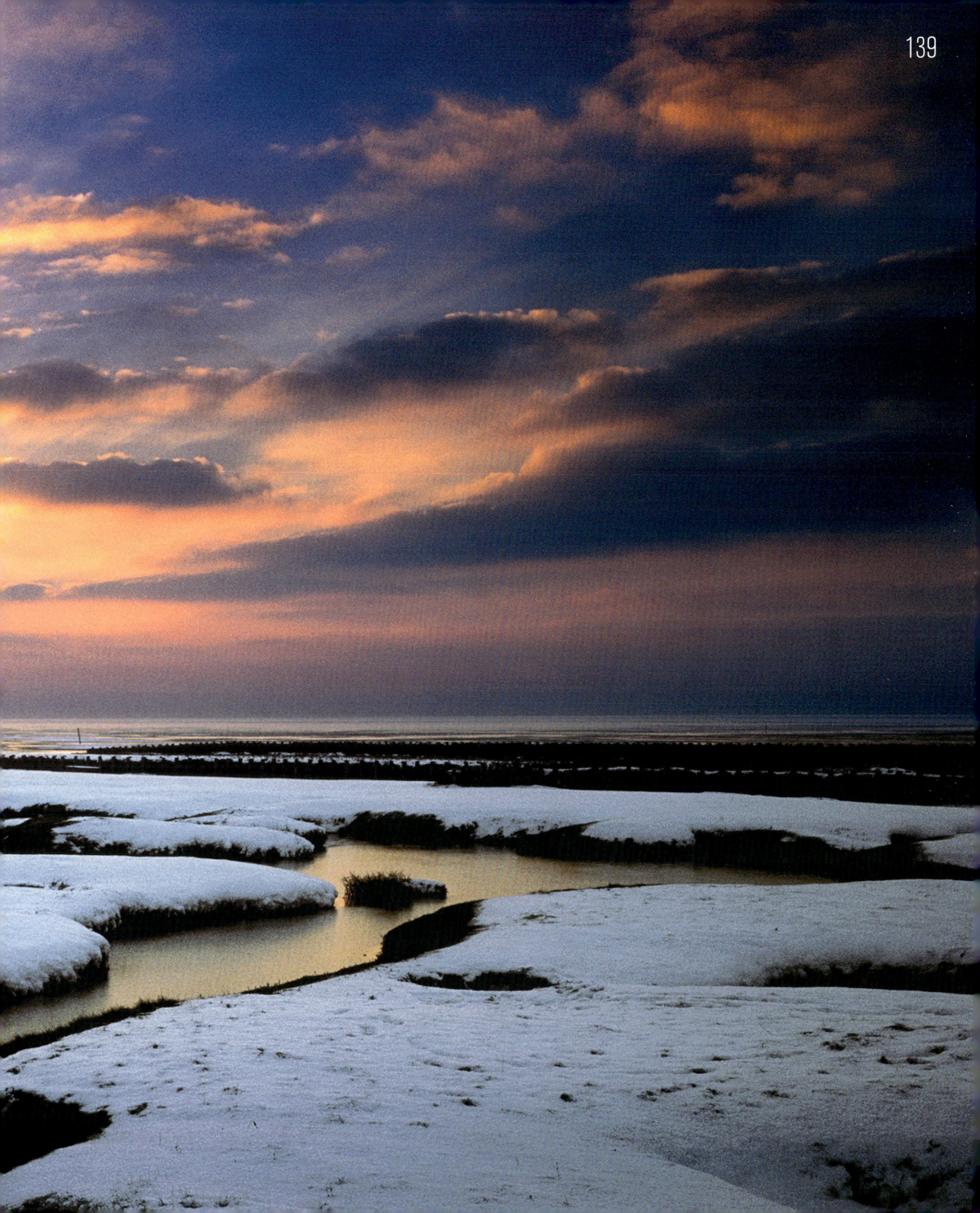

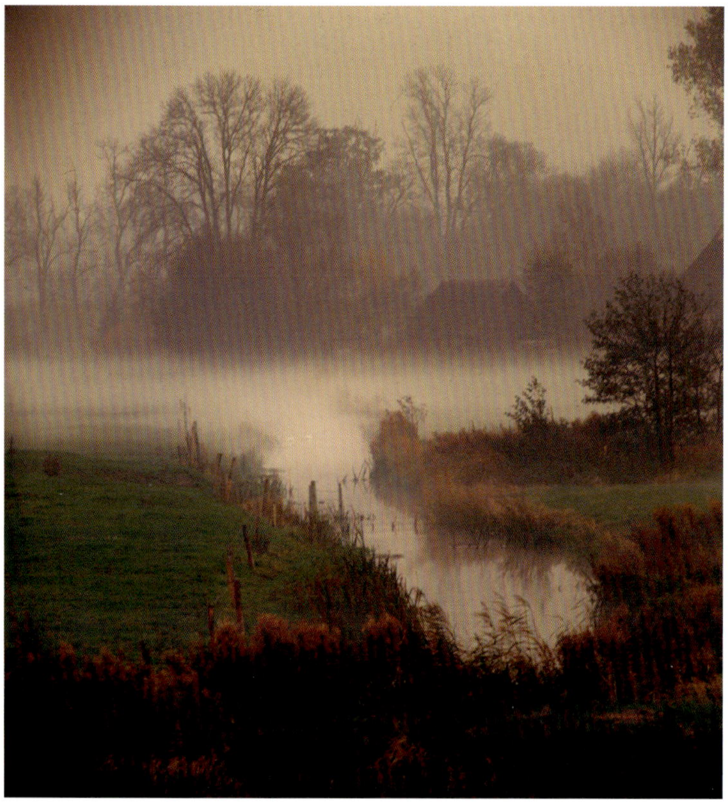

FRÜHHERBST | September 1981
Abendnebel über der mäandrierenden Kossau zwischen Plön und Lütjenburg

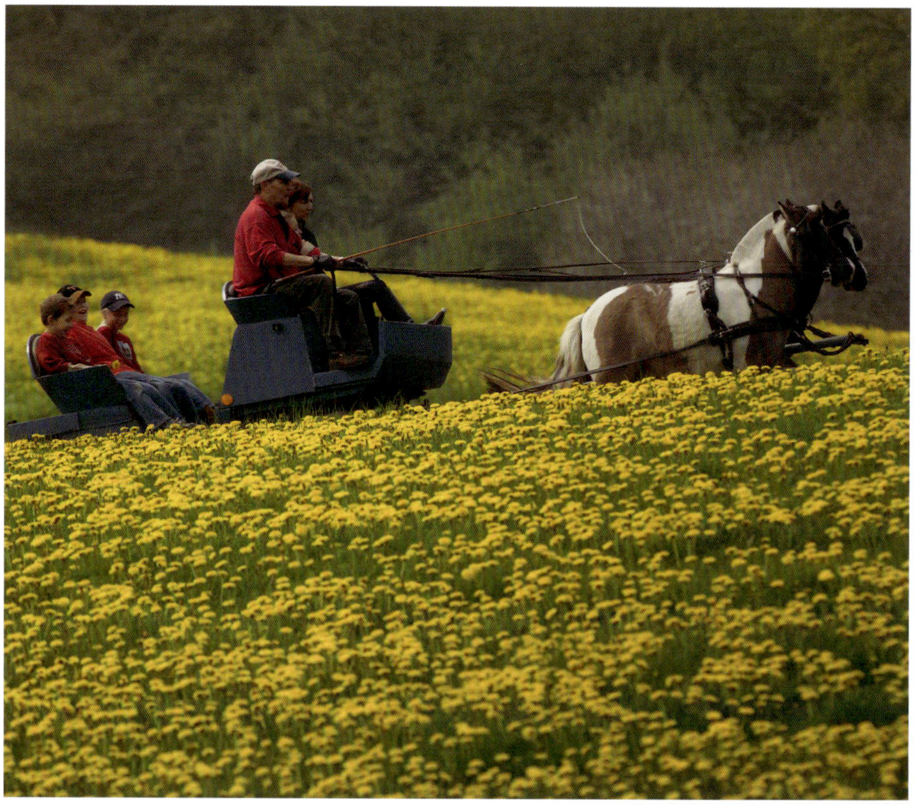

KINDERFREUDEN | Mai 2004
Kreuz und Quer lenkt Walter Klotz seine Kutsche durch blühenden Löwenzahn in Molfsee.

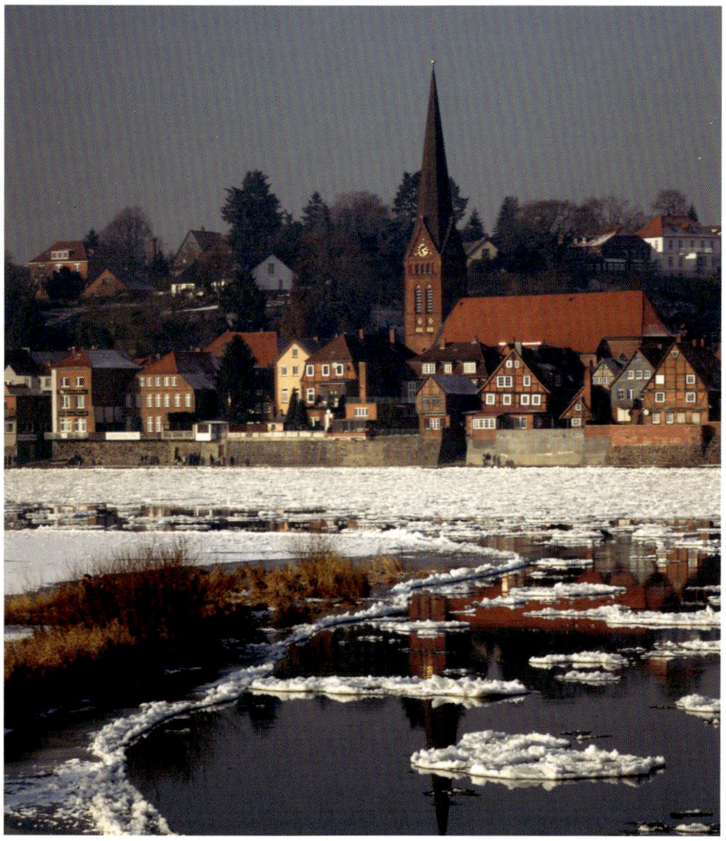

TAUWETTER | Februar 2006
Treibeis auf der Elbe vor dem Panorama der Unterstadt Lauenburgs

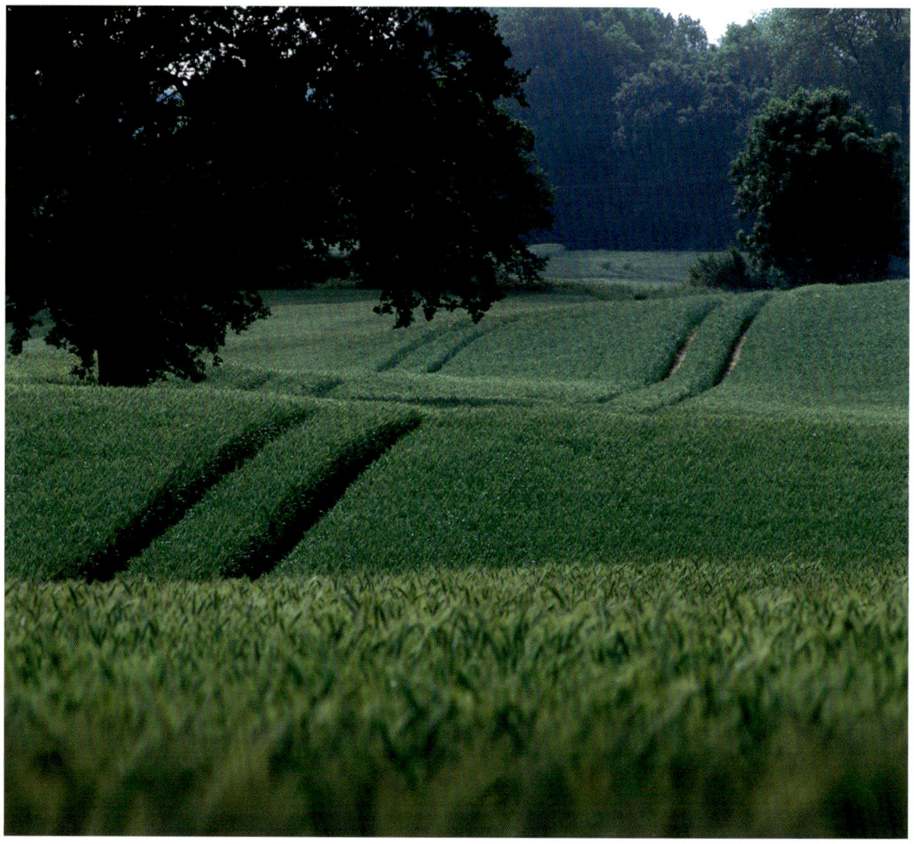

ÄHRENSACHE | Juni 2005
Roggen von gutem Wuchs mit gleichmäßigen Ähren vor Felm bei Altenholz

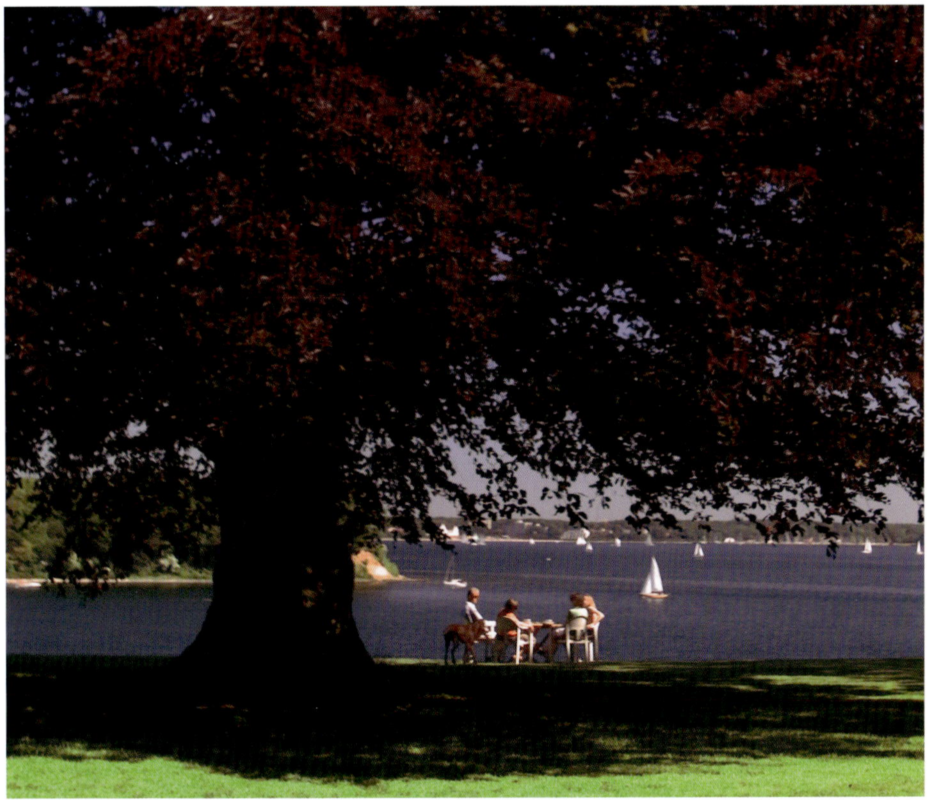

BALKON VON DÄNEMARK | Juni 2006
Schöne Aussicht von Dänemark auf die Flensburger Förde

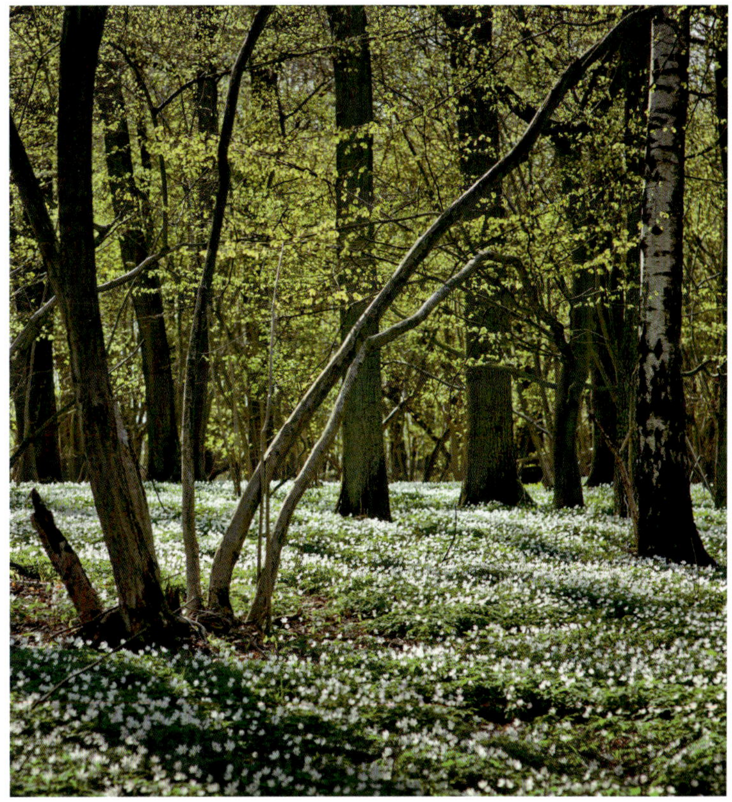

FRÜHLINGSWALD | April 2013
Ein Biotop aus Frühlingsblühern zwischen den Äckern vor Havighorst

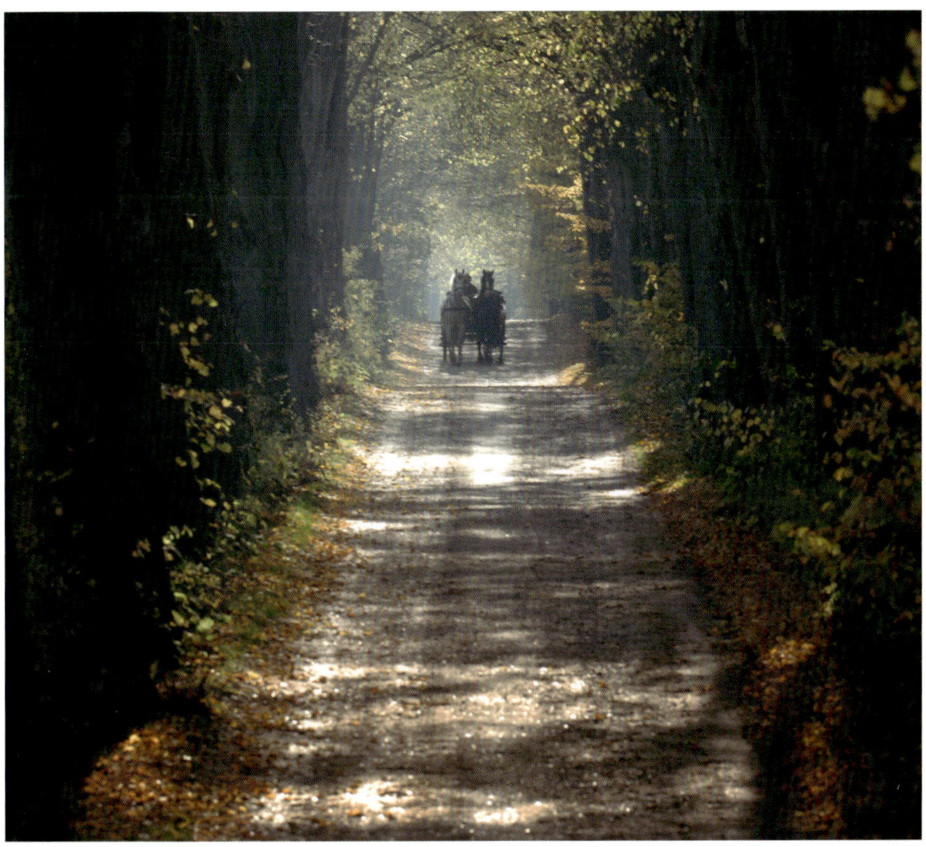

ALLEE | November 2005
Die Kutsche vom Moserhof auf der Lindenallee, dem Naturdenkmal von Rachut bei Malente

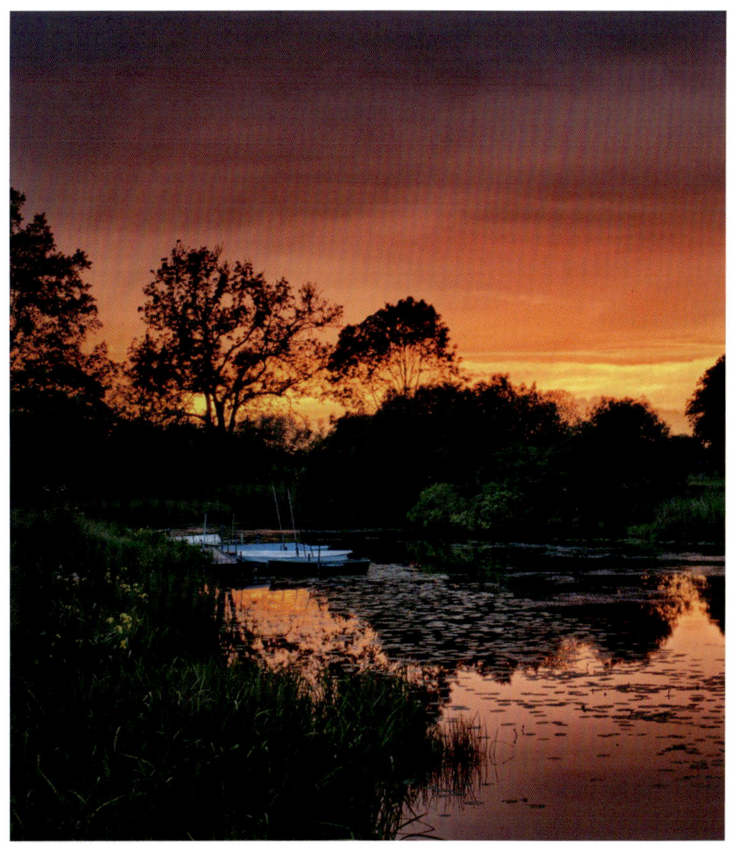

FRÜHSOMMER | Juni 2011
Das Nachglühen des Himmels an dem Angelplatz in Kluvensiek

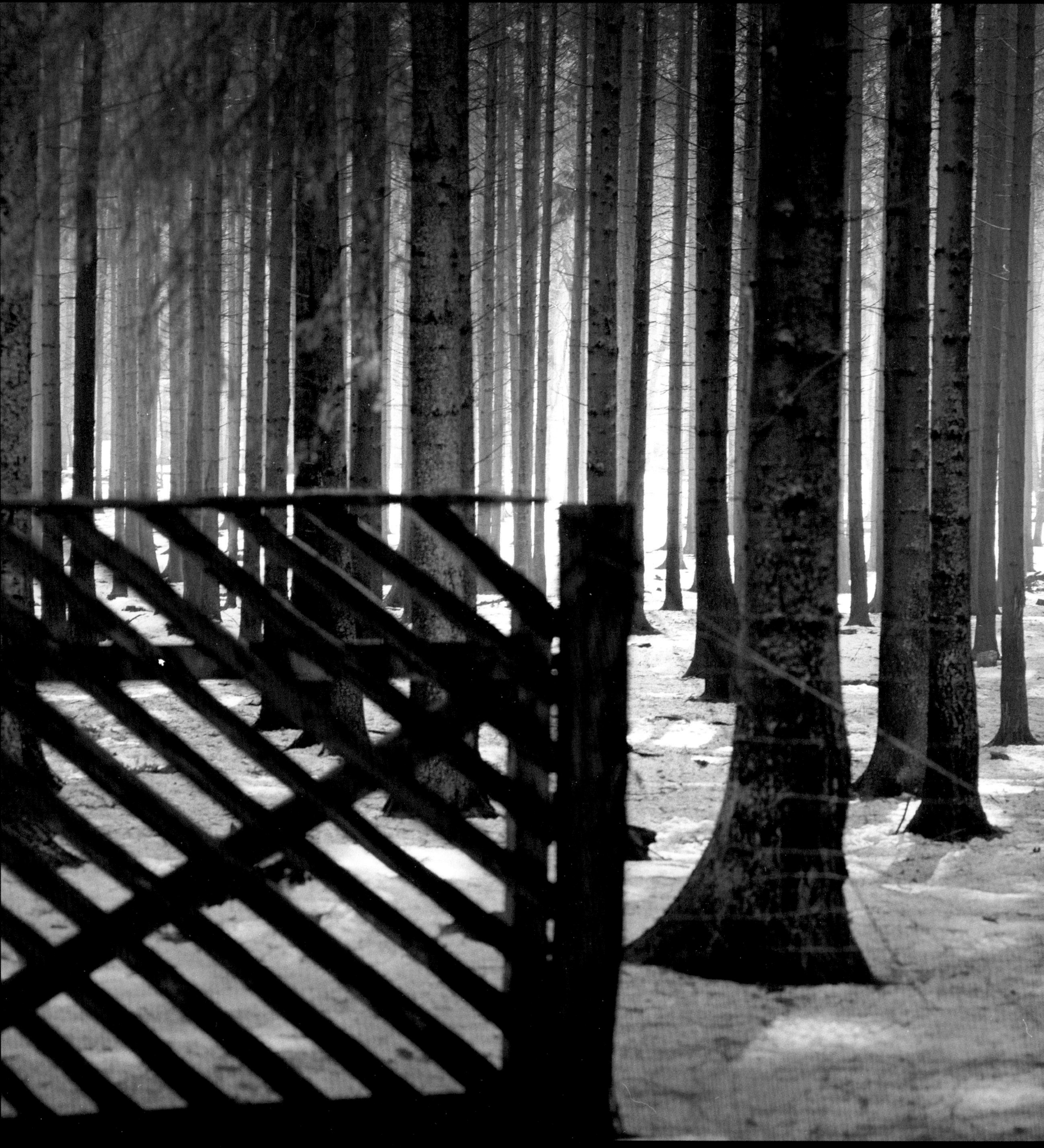

WINTERRUHE
Februar 1981

Im winterlichen Nadelwald bei Tönsheide

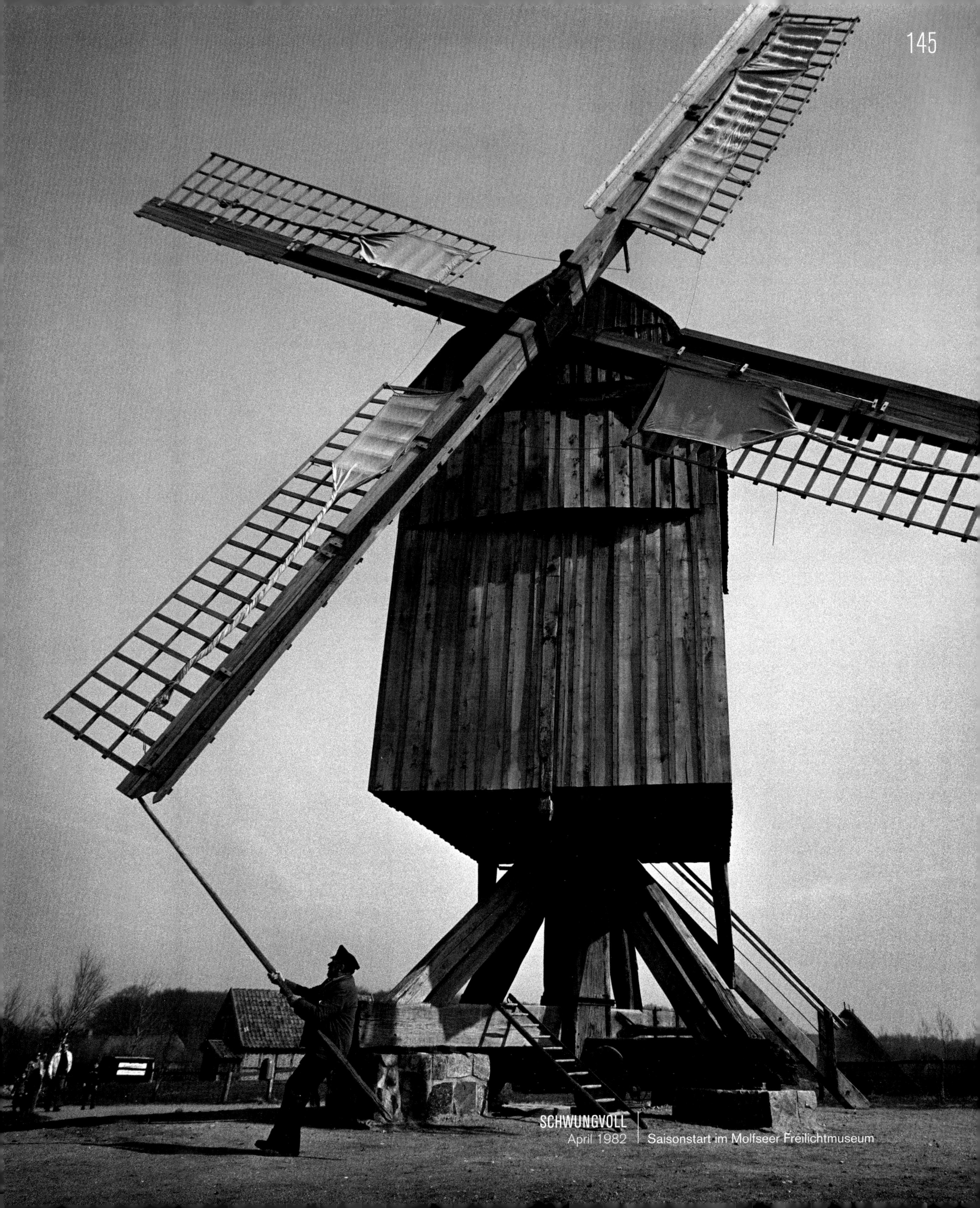

SCHWUNGVOLL
April 1982 | Saisonstart im Molfseer Freilichtmuseum

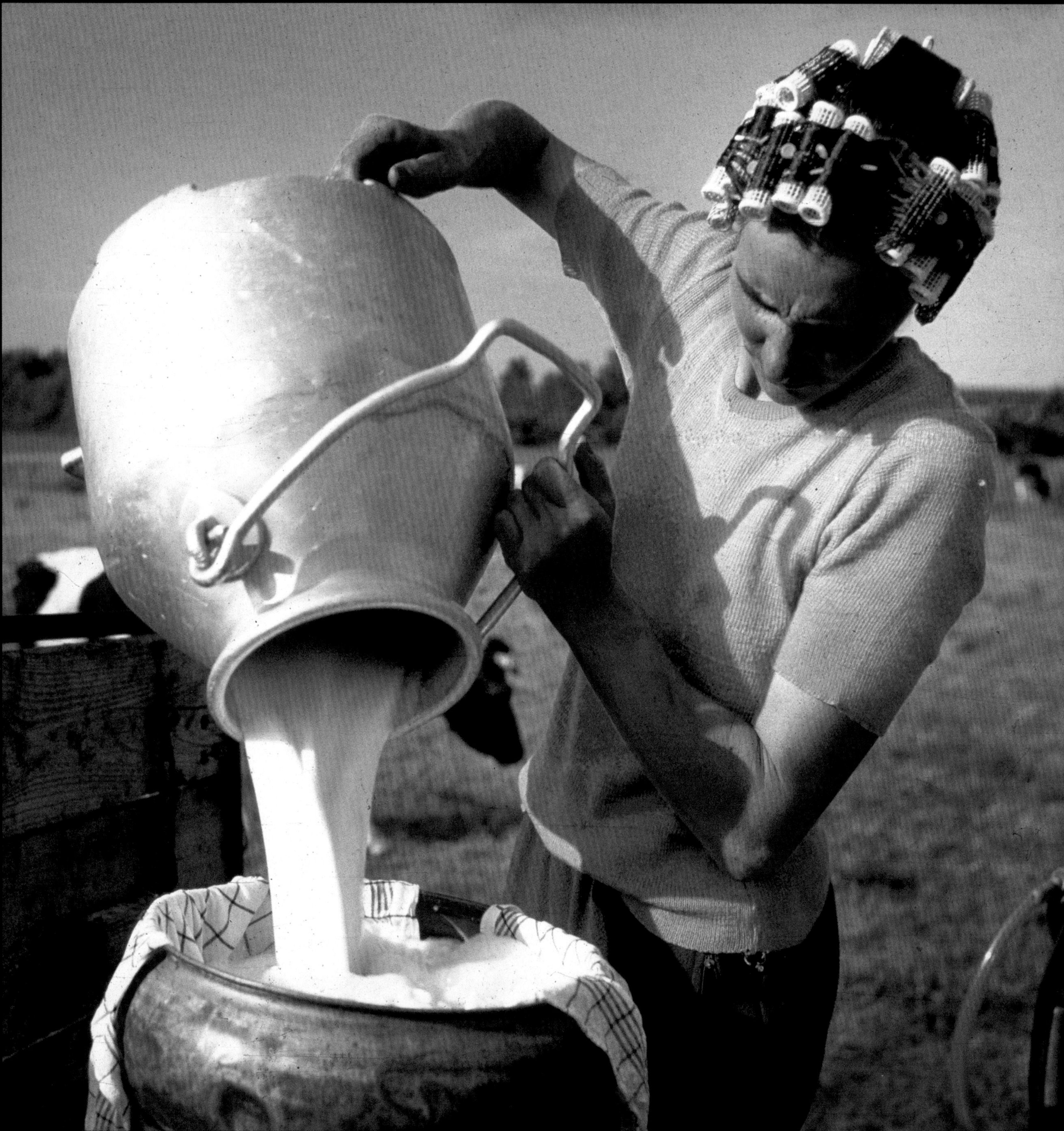

FRISCHMILCH
Juli 1982

Melkzeit auf der Weide in Springhoe bei Familie Hägele

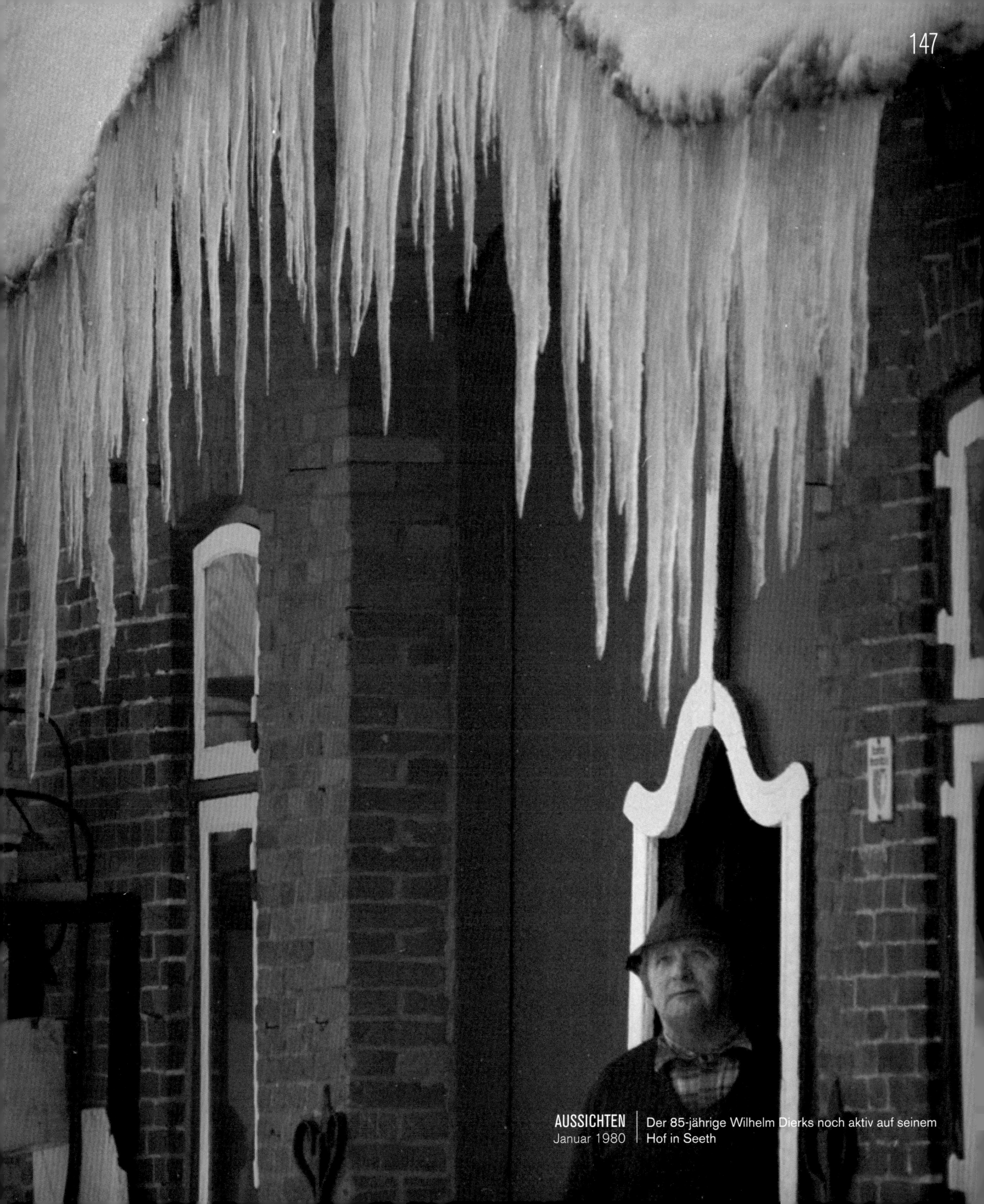

AUSSICHTEN Januar 1980 | Der 85-jährige Wilhelm Dierks noch aktiv auf seinem Hof in Seeth

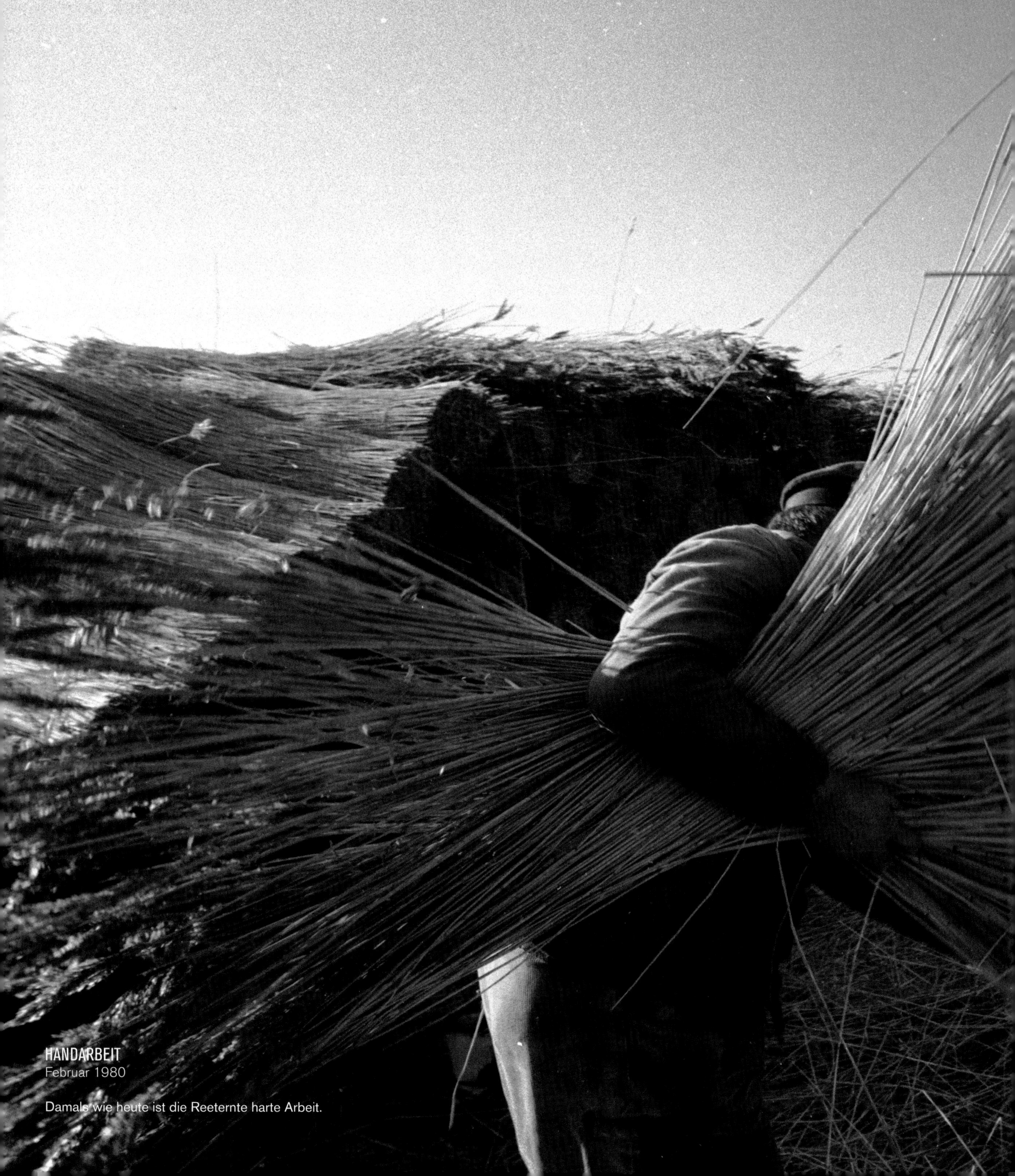

HANDARBEIT
Februar 1980

Damals wie heute ist die Reeternte harte Arbeit.

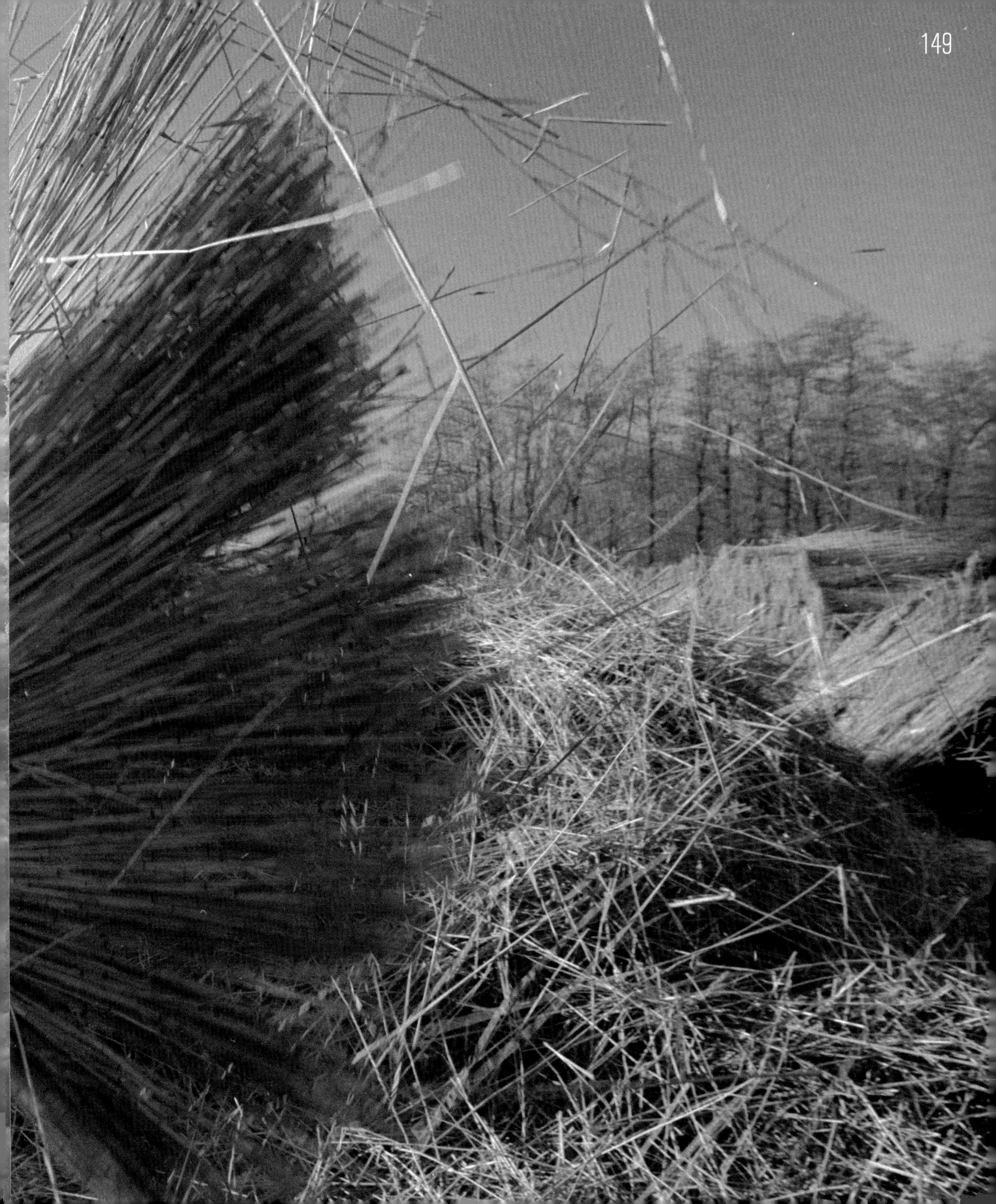

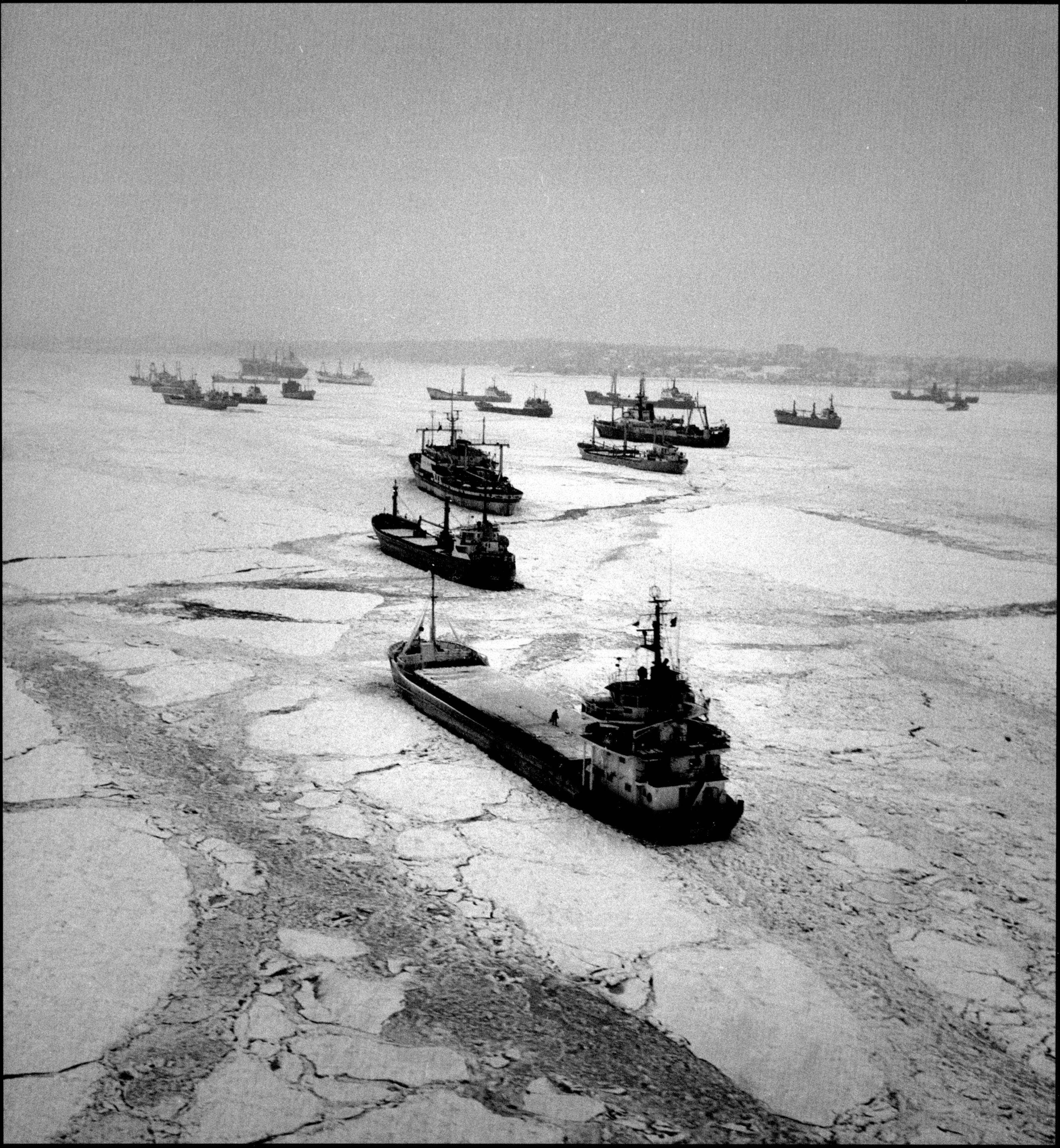

STILLSTAND
Februar 1979

Eingefrorene Frachter im Eiswinter auf der Kieler Förde

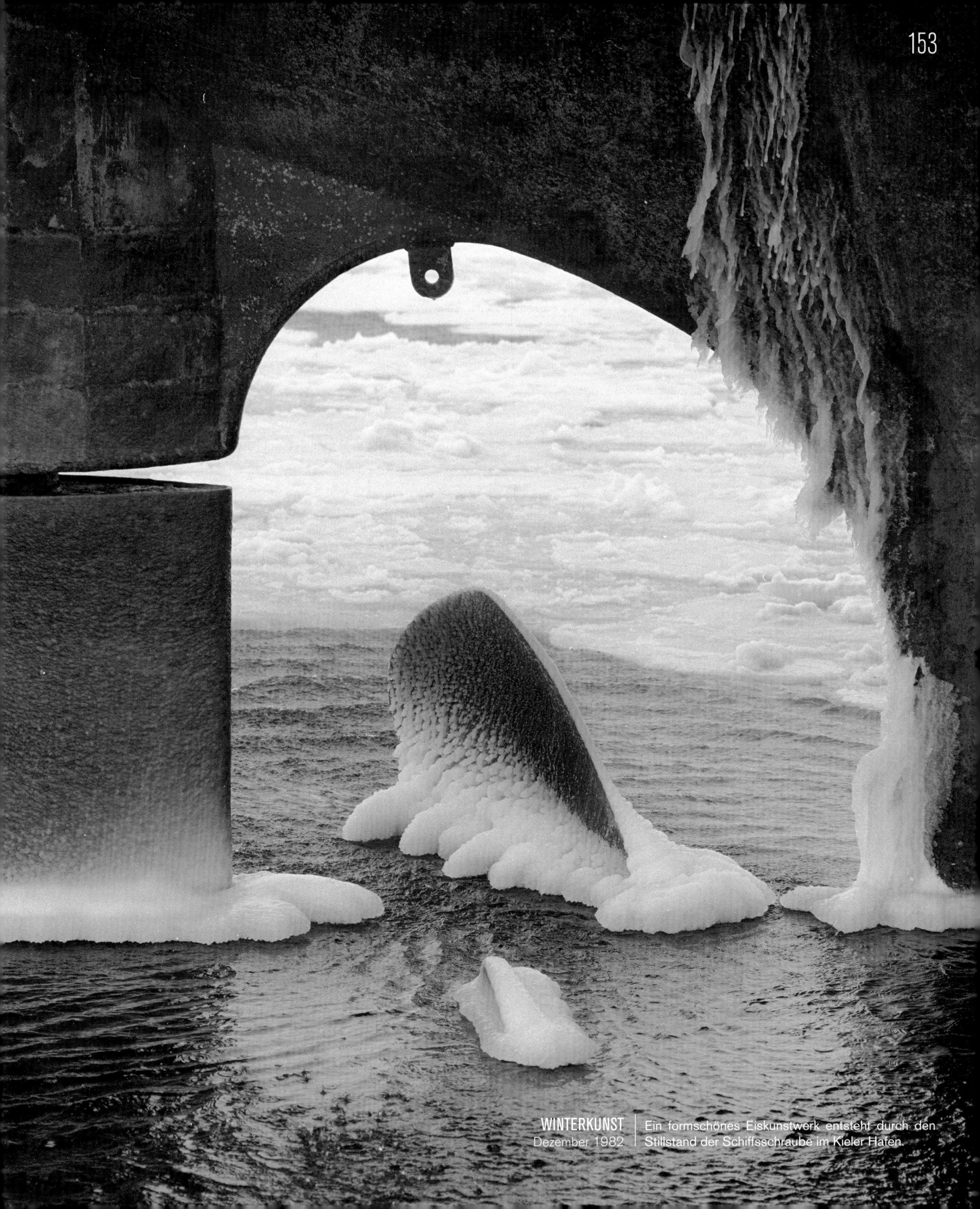

WINTERKUNST
Dezember 1982

Ein formschönes Eiskunstwerk entsteht durch den Stillstand der Schiffsschraube im Kieler Hafen.

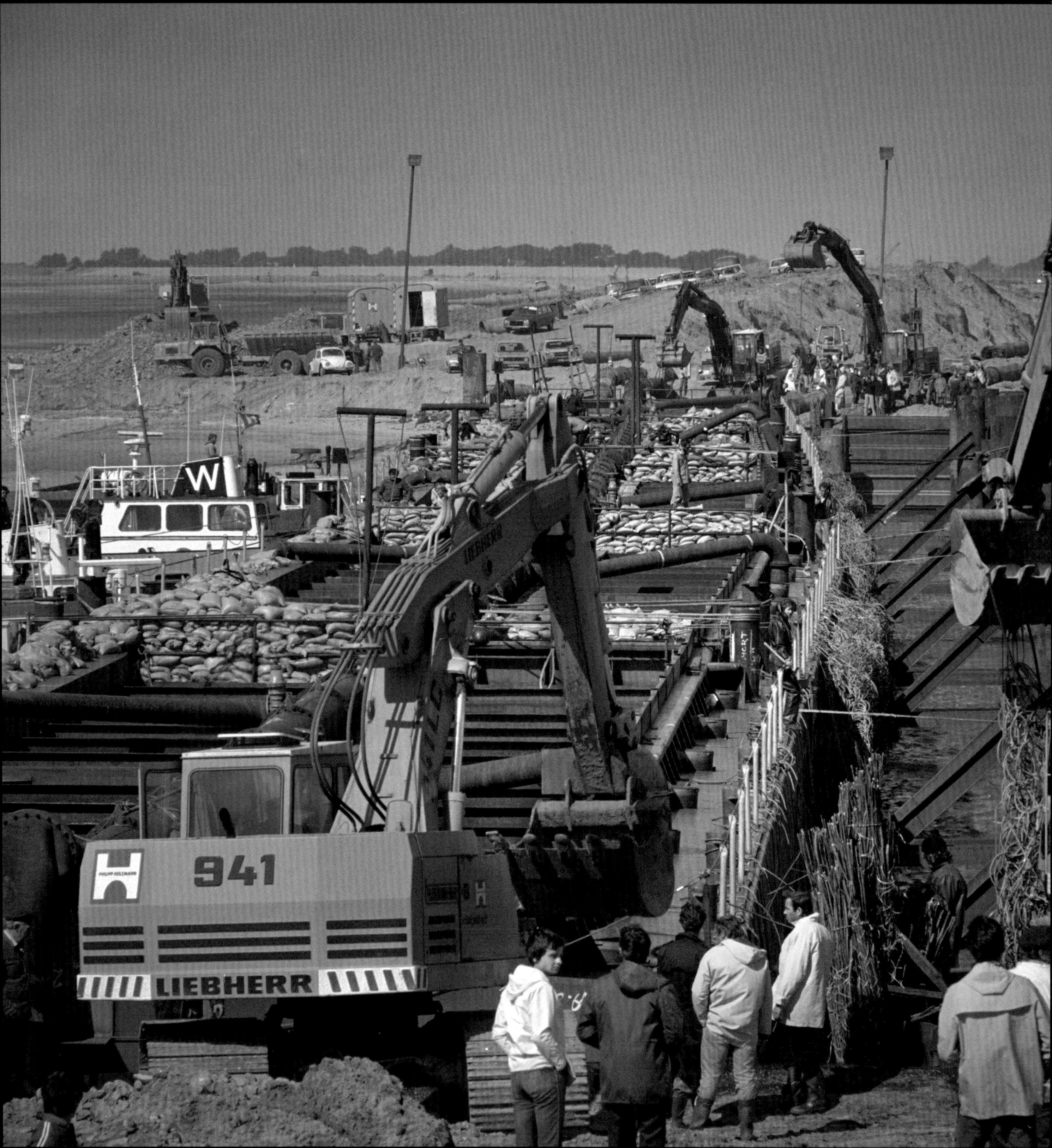

ZWEITER VERSUCH
August 1978

Aneinandergereihte Schuten schließen die Lücke zum Meer und geben den Baggern Handlungsspielraum zum Deichbau.

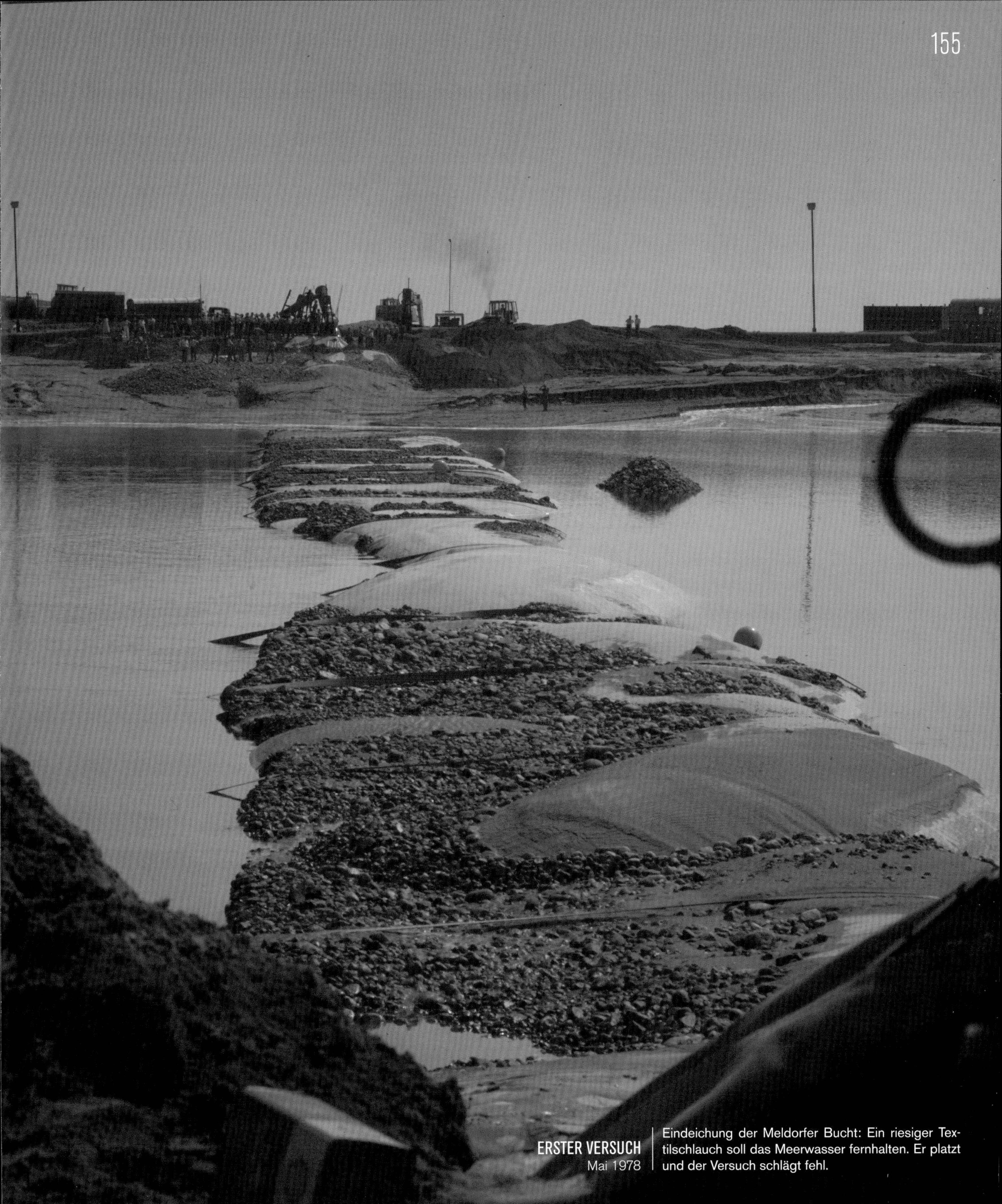

ERSTER VERSUCH
Mai 1978

Eindeichung der Meldorfer Bucht: Ein riesiger Textilschlauch soll das Meerwasser fernhalten. Er platzt und der Versuch schlägt fehl.

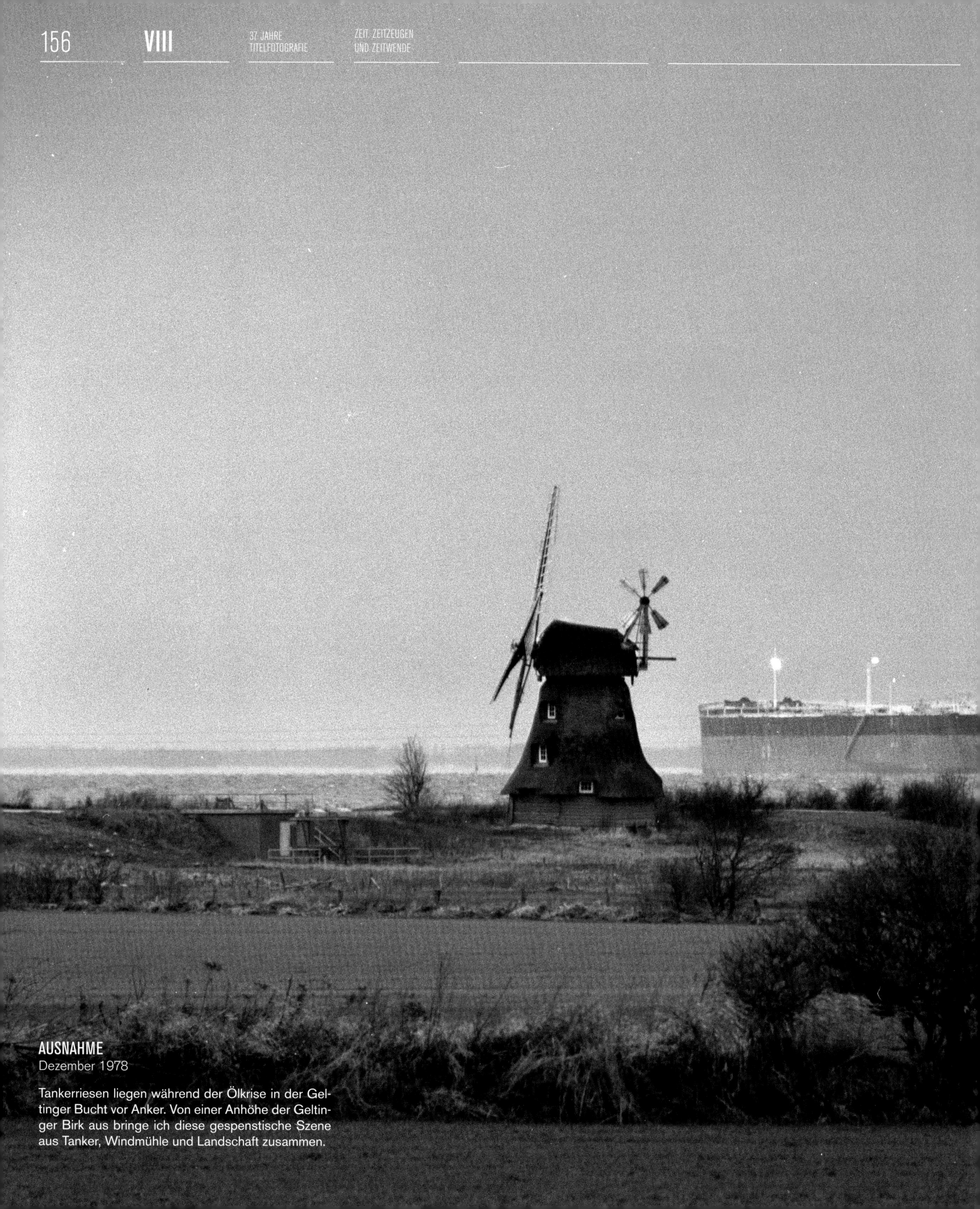

AUSNAHME
Dezember 1978

Tankerriesen liegen während der Ölkrise in der Geltinger Bucht vor Anker. Von einer Anhöhe der Geltinger Birk aus bringe ich diese gespenstische Szene aus Tanker, Windmühle und Landschaft zusammen.

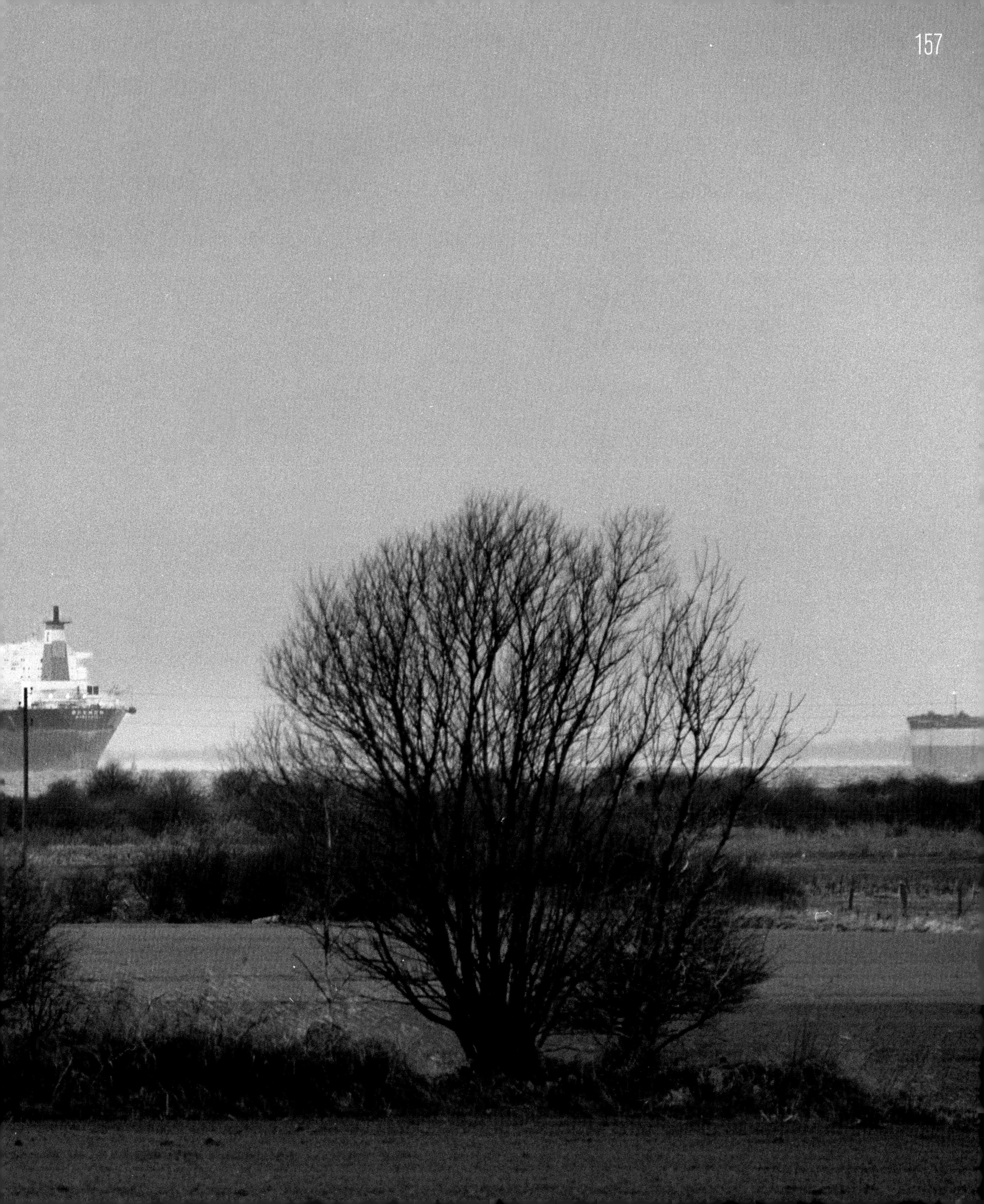

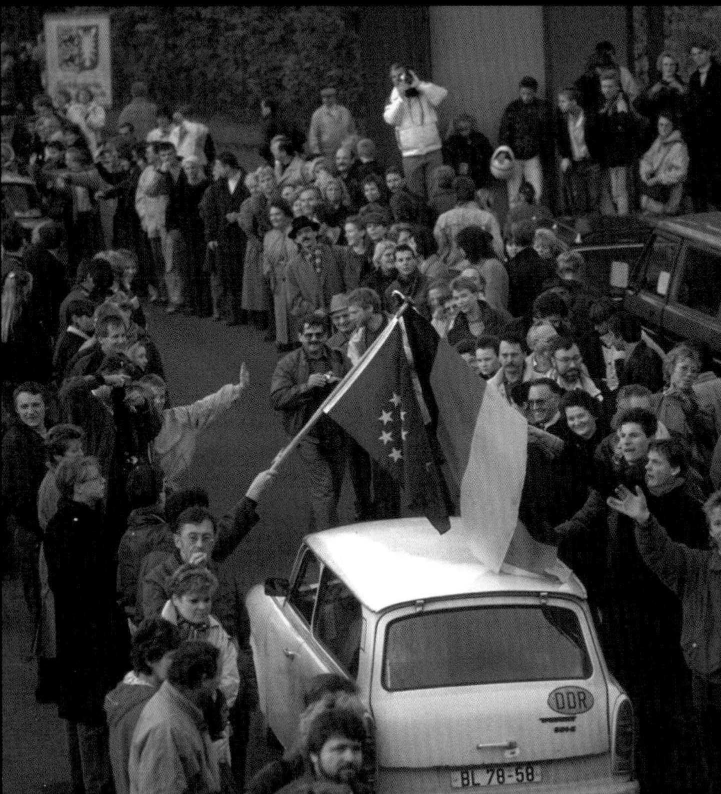

ENDLICH | November 1989
Nach Mauerfall und Grenzöffnung pendeln die Menschen von Ost nach West, fotografiert von hoch oben in Lübeck-Schlutup.

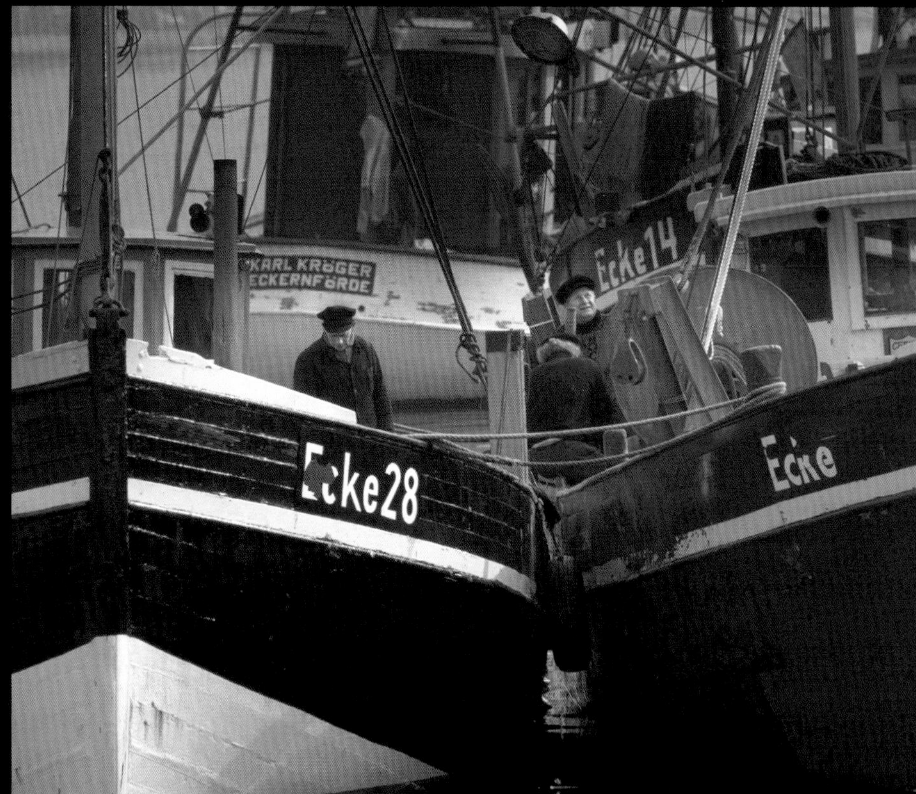

KLÖNSCHNACK | März 1984
Treffpunkt für die Ostseefischer im Hafen von Eckernförde

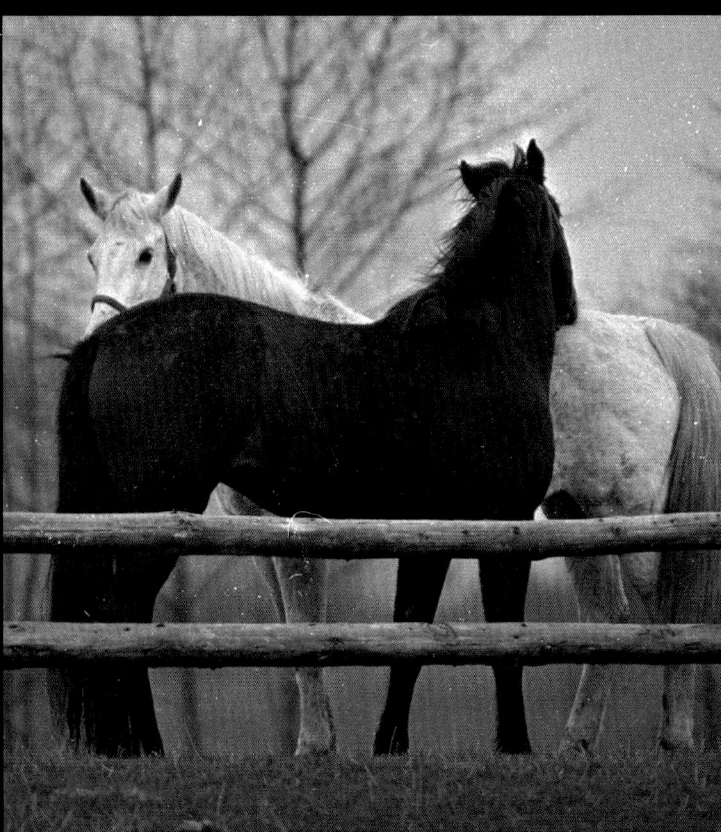

KÖRPERPFLEGE | April 1983
Auf einer Pferdekoppel in Molfsee

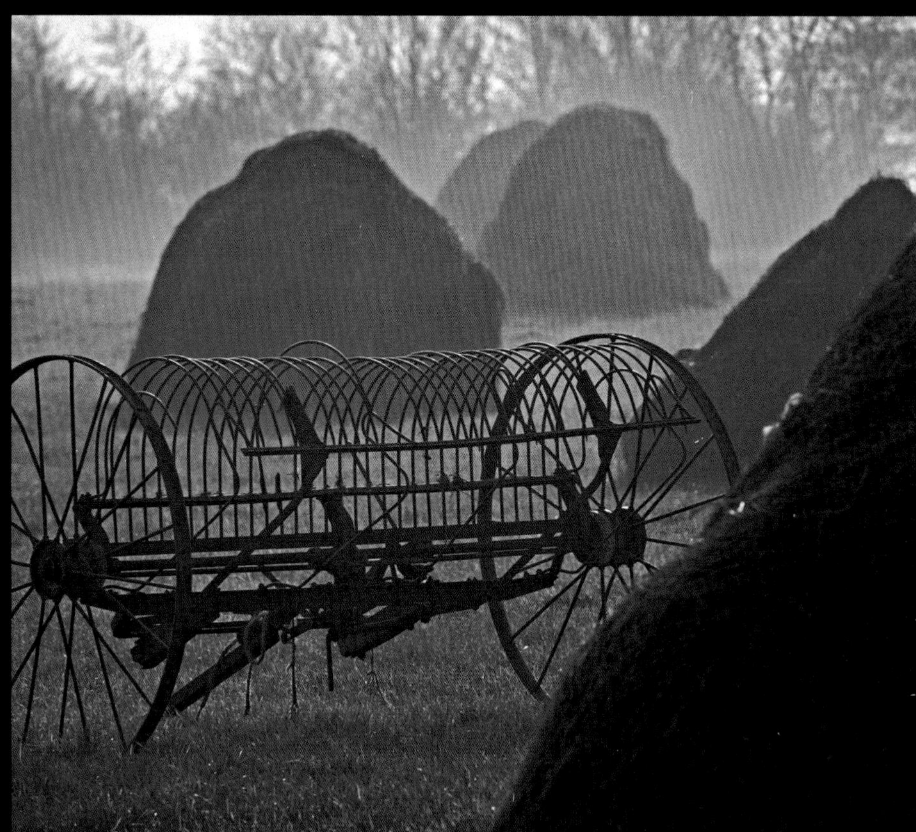

HUNGERHARKE | Juli 1983
Heureuter und Hungerharke
– unverkennbare Symbole einer aufwendigen Heuernte in Schierensee

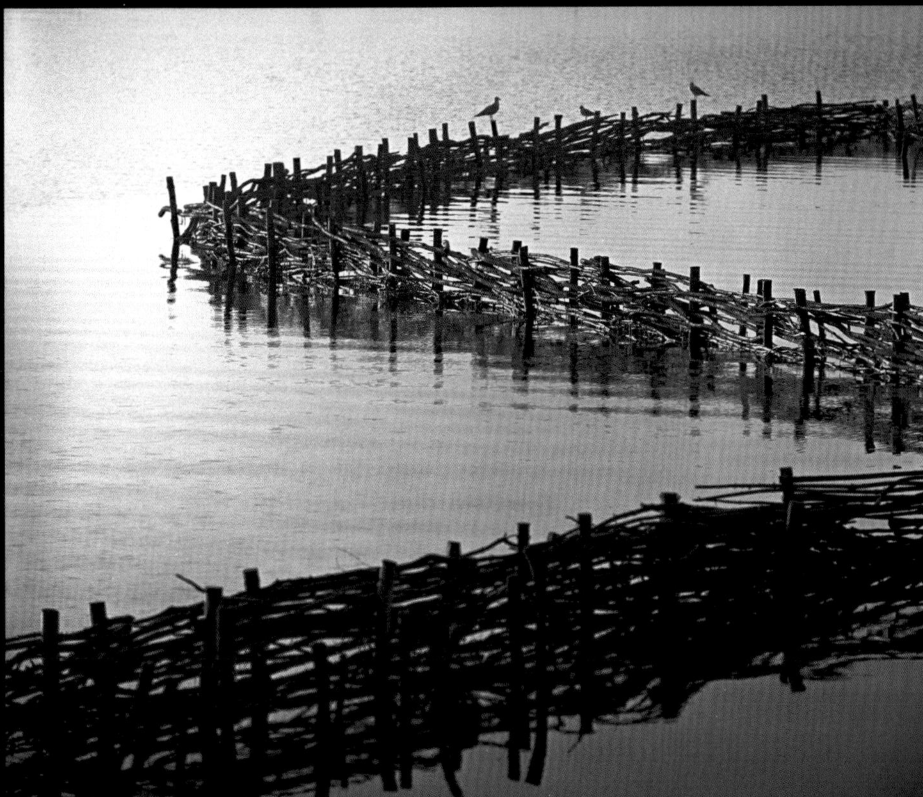

EINMALIG | Januar 1980
Der Ellenberger Heringszaun unmittelbar neben der Schleibrücke in Kappeln ist einmalig in Europa und eine Attraktion für Besucher.

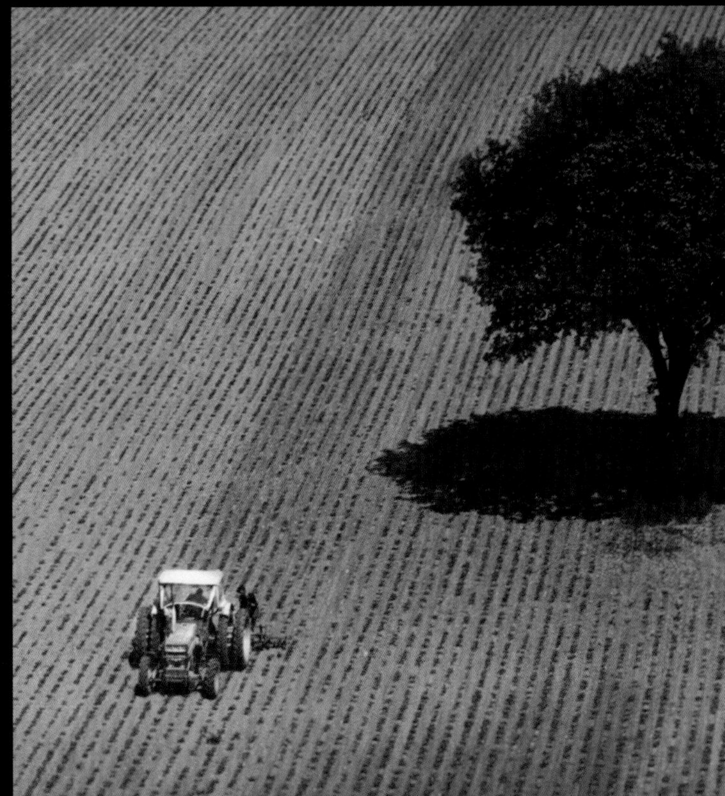

LANDSCHAFTSPFLEGE | Juni 1984
Mit dem Hackgerät hinter dem Schlepper – eine vom Helikopter aus verfolgte Szene auf den Feldern von Depenau bei Löptin

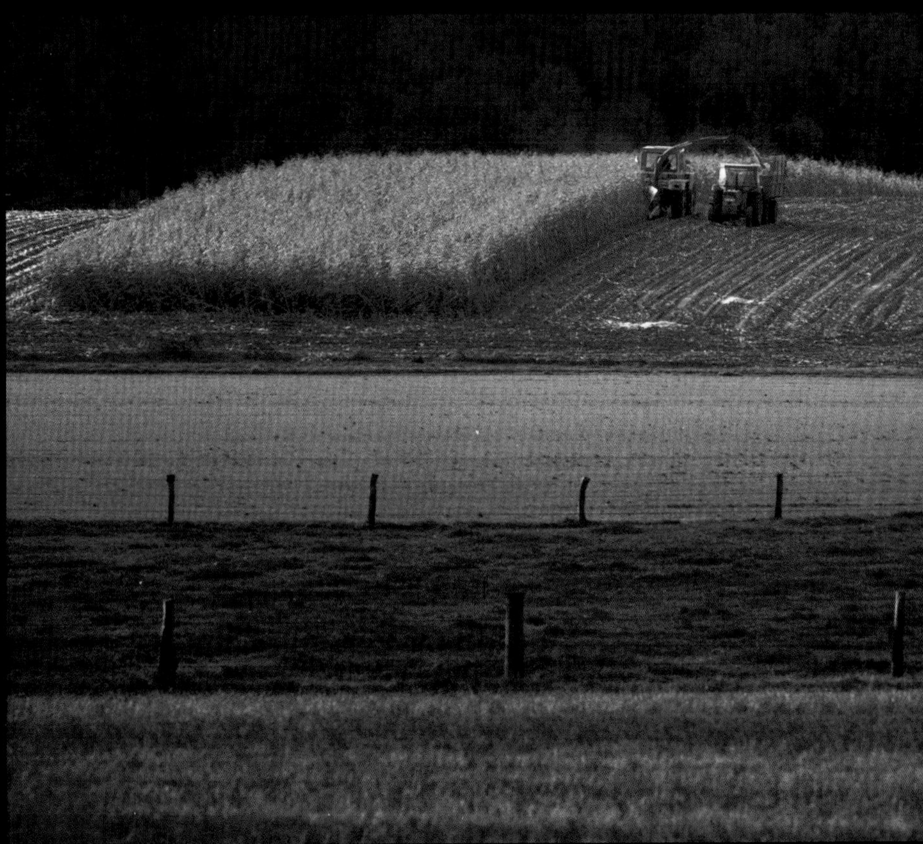

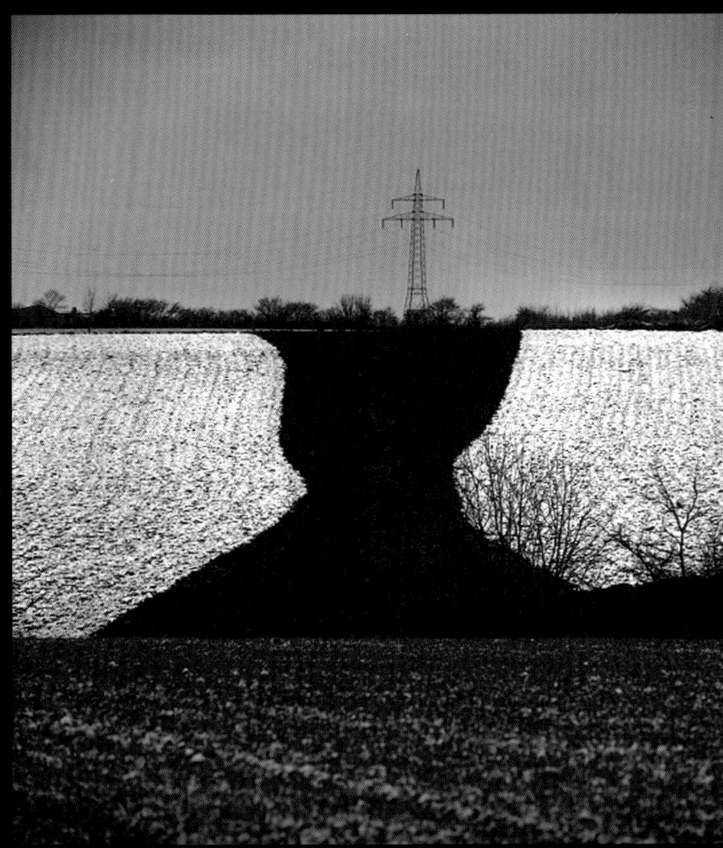

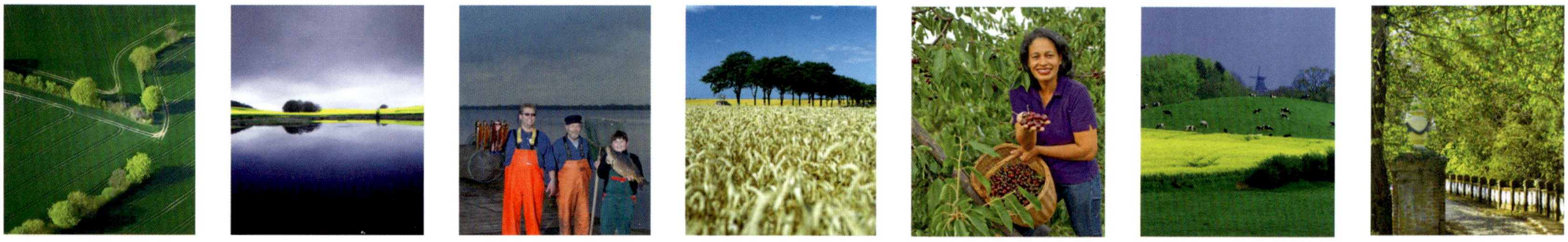
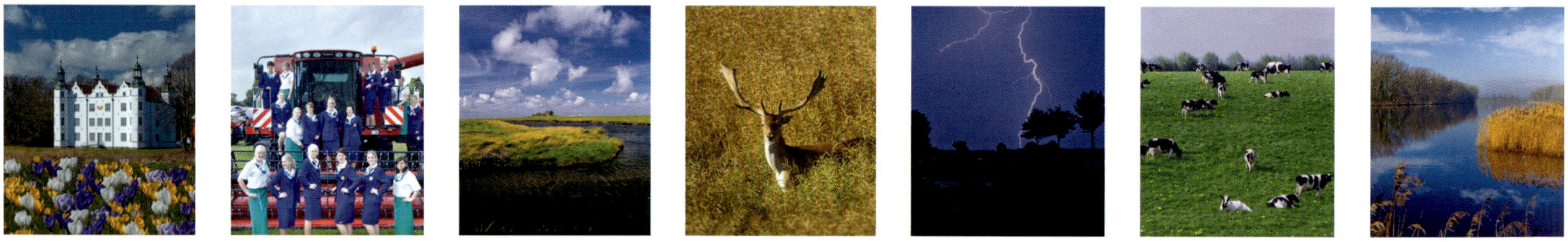
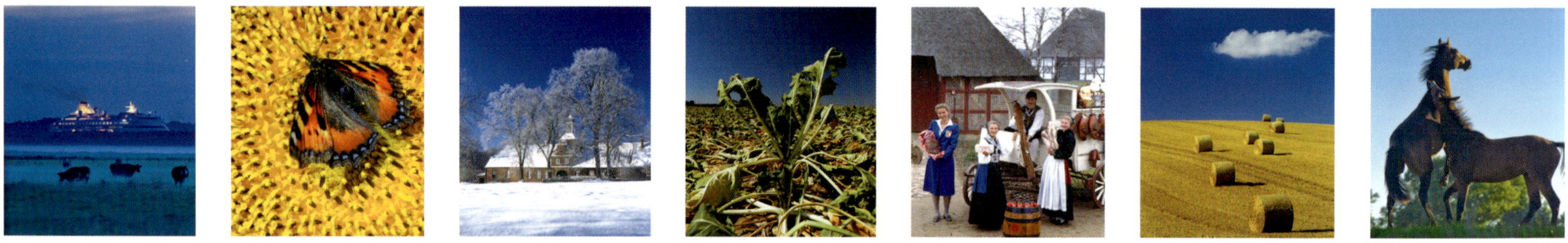
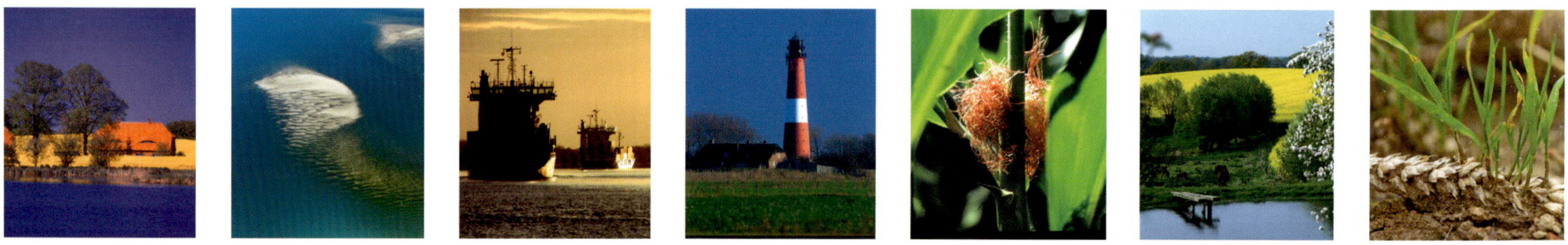
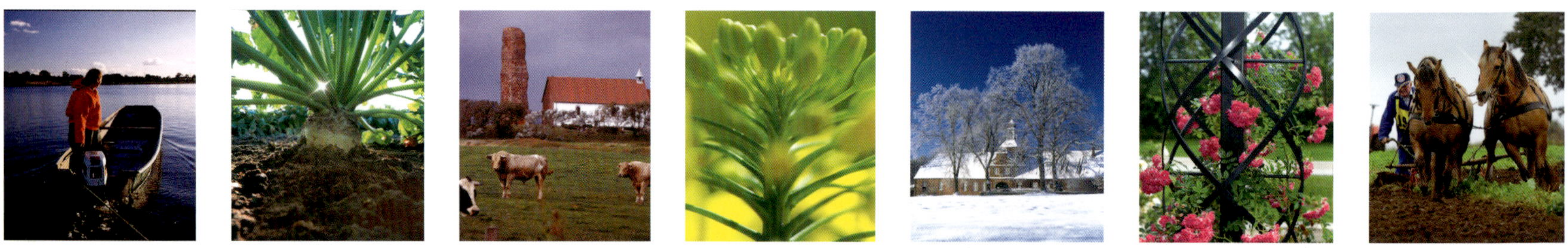
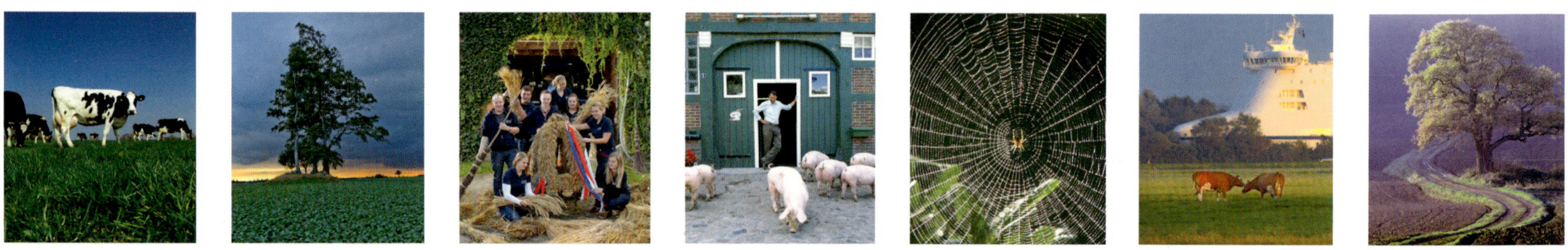
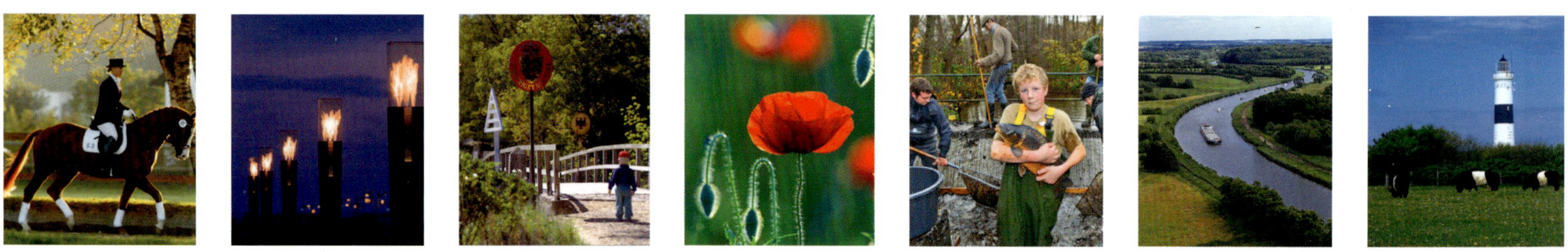